DISCURSO SOBRE O MÉTODO

"O livro é a porta que se abre para a realização do homem."

Jair Lot Vieira

DESCARTES

DISCURSO SOBRE O MÉTODO

Tradução
Paulo M. de Oliveira

EDIPRO

DISCURSO SOBRE O MÉTODO

RENÉ DESCARTES

2ª Edição 2006

Supervisão Editorial: *Jair Lot Vieira*
Editor: *Alexandre Rudyard Benevides*
Tradução: *Paulo M. de Oliveira*
Capa: *Equipe Edipro*
Revisão: *José Benedicto Pinto* e *Ricardo Virando*
Digitação: *Richard Rett*

Nº de Catálogo: 1164

Dados Internacionais de Catalogação na Publicação (CIP)
(Câmara Brasileira do Livro, SP, Brasil)

Descartes, René, 1596-1650.
Discurso sobre o método / René Descartes – tradução Paulo M. de Oliveira / Bauru, SP: EDIPRO, 2ª ed., 2006. (Clássicos Edipro)

Título original: *Discours de la Méthode – Pour bien conduire la raison et chercher la verité dans les sciences*
ISBN 85-7283-458-3

1. Descartes, René, 1596-1650 2. Filosofia francesa – Século 17 I. Oliveira, Paulo M. de. II. Título. III. Série.

95-028 CDU-194

Índices para catálogo sistemático:
1. Filosofia francesa : 194
2. Descartes : Obras filosóficas : 194

EDIPRO
Edições Profissionais Ltda.
São Paulo: Fone (11) 3107-4788 – Fax (11) 3107-0061
Bauru: Fone (14) 3234-4121 – Fax (14) 3234-4122
e-mail: ***edipro@uol.com.br***

Sumário

Sobre o Autor

Filho de um conselheiro municipal de Rennes, nasceu René Descartes no ano de 1596, em La Haye (Turenne). Estudou com os jesuítas no colégio de La Flèche,[1] distinguindo-se por sua vocação para a filosofia e as ciências exatas, especialmente, Física e Matemática. Em 1617, a pedido do pai, entrou no exército, e durante quatro anos, serviu sob as ordens do duque de Nassau e do da Baviera. Percorreu a Alemanha, a Suécia, a Holanda, a Suíça e a Itália. Abandonou, mais tarde, a carreira militar e foi para a Holanda. Dedicou-se, então, seriamente, ao estudo da filosofia, passando a viver na solidão e residindo sucessivamente em Amsterdã, Haia, Leida e, por fim, no seu retiro em Egmont.

Em 1637, em Leida, publicou *Discurso sobre o Método*,[2] seguido da *Geometria*, da *Dióptrica* e dos *Meteoros*, num mesmo volume. Mais tarde, publicou as *Meditações* (1641) e os *Princípios da Filosofia* (1644).

Muito combatido pelos teólogos, católicos e protestantes, que o acusavam de ateísmo, e esgotado pelas numerosas polêmi-

---

1. Hoje, La Haye-Descartes.
2. Título original: *Discours de la Méthode – Pour bien conduire la raison et chercher la verité dans les sciences.*

cas que precisou sustentar para defender suas idéias e rebater as falsidades com que o alvejaram os adversários.

Em 1649 seguiu para Estocolmo, a convite da rainha Cristina, tendo sido recebido com grandes manifestações de simpatia pela aristocracia sueca, à qual ministrava lições diárias de filosofia, tendo sido a própria rainha sua discípula.

Um ano depois, em conseqüência de uma infecção pulmonar, veio a falecer (11 de fevereiro de 1650). Os seus restos foram, em 1666, transportados para a Igreja de Santa Genoveva.

A filosofia cartesiana (de *Cartesius*, tradução latina do nome de Descartes) teve grande repercussão em toda a Europa, influindo na formação espiritual de um grande número de gerações. Foi nos princípios cartesianos que a filosofia francesa do século XVIII encontrou os seus fundamentos. Consistem eles em opor às doutrinas ultrapassadas da filosofia escolástica a nova tese idealista de que bastaria a concepção que se tem de um Deus para demonstrar a sua existência. Se bem que, embora muitas idéias de Descartes tenham sido ulteriormente abandonadas, o seu método continuou, todavia, a ter grande influência nos sistemas que se lhe seguiram.

Cronologia

1596 – Nasce Descartes, em La Haye.

1606 – Entra para o colégio jesuíta de La Flèche.

1610 – Início do reinado de Luís XIII. O coração de Henrique IV é transferido para La Flèche.

1614 – Descartes sai do Colégio de La Flèche.

1618 – Início da Guerra dos Trinta Anos. Descartes vai para a Holanda, onde realiza sua instrução militar sob a direção de Maurício de Nassau.

1619 – Descartes deixa a Holanda, seguindo para a Dinamarca, depois para a Alemanha.

1620 – Renuncia à vida militar.

1622 – Volta à França.

1623 – Viagem à Itália.

1624 – O Cardeal Richelieu entra para o Conselho do Rei e logo se torna chefe desse órgão.

1628 – Descartes escreve as *Regras para a Direção do Espírito*. Passa a viver na Holanda.

1629 – Harvey, médico inglês, publica a obra *Sobre o Movimento do Coração.*

1633 – Galileu é condenado pela Inquisição.

1634 – Descartes renuncia à publicação de seu *Tratado do Mundo.*

1635 – Nasce Francine, filha de Descartes e de Helena, talvez uma criada.

1637 – Descartes publica o *Discurso sobre o Método.*

1641 – Aparecem as *Meditações.*

1642 – Morre Richelieu.

1644 – Descartes viaja à França.

1647 – Nova viagem à França. Encontro com Pascal.

1648 – Descartes volta à França mais uma vez.

1649 – Parte para a Suécia, a convite da Rainha Cristina.

1650 – Morre em Estocolmo, de pneumonia.

Sobre a Obra

Obra clássica da filosofia, na qual Descartes lançou os fundamentos de sua doutrina, o *Discurso sobre o Método*, editado pela primeira vez em 1637, é apresentado, nesta tradução, sob uma forma bem mais didática que nas demais edições até aqui lançadas entre nós.

O estilo de Descartes, seja pela época em que escreveu, seja pela complexidade do assunto, oferecia ao comum dos leitores dificuldades de interpretação que, na medida do possível, convinha fossem afastadas sobretudo quando se prendiam mais à técnica da redação. Assim, sempre que se evidenciaram como necessários, para facilitar a compreensão do pensamento do autor, os longos e fastidiosos períodos do original foram desdobrados em vários na tradução brasileira que ora oferecemos ao público.

O *Discurso sobre o Método*, "para bem dirigir a própria razão e buscar a verdade nas ciências", como diz Descartes, na epígrafe que escolheu para apresentá-lo aos homens de seu tempo, prestará decerto um grande serviço aos estudiosos, permitindo-lhes que, de preferência às vulgarizações sempre superficiais, possuam na íntegra a obra fundamental da filosofia do século XVII.

Discurso sobre o Método

***Para bem dirigir a razão
e buscar a verdade nas ciências.***

Se este discurso parecer demasiado longo para ser lido de uma vez poder-se-á dividi-lo em *seis partes*: na *primeira*, encontrar-se-ão diversas considerações relativas às ciências; na *segunda*, as principais regras do método procurado pelo autor; na *terceira*, algumas regras da moral, que ele abordou segundo esse método; na *quarta*, as razões pelas quais prova a existência de Deus e da alma humana, que são os fundamentos da metafísica; na *quinta*, a ordem das questões de física por ele estudadas e, particularmente, a explicação do movimento do coração e de algumas outras dificuldades atinentes à medicina, assim como a diferença existente entre a nossa alma e a dos animais; finalmente, na *última*, o que julga necessário para ir além dele na pesquisa da natureza, e as razões que o levaram a escrever.

PRIMEIRA PARTE

O bom senso é a coisa mais bem dividida do mundo pois, cada qual julga estar tão bem dotado dele que, mesmo os mais difíceis de contentar-se em outras coisas, não costumam desejá-lo mais do que possuem. E, a esse respeito, não é verossímil que todos se enganem; isso prova, ao contrário, que o poder de bem julgar e distinguir o verdadeiro do falso, isto é, o que se chama o bom senso ou a razão, é naturalmente igual em todos os homens. A diversidade das nossas opiniões não provém do fato de uns serem mais razoáveis do que os outros, mas apenas do fato de conduzirmos o nosso pensamento por diferentes caminhos e não considerarmos as mesmas coisas. Não basta ter a mente sã: o essencial é aplicá-la bem. As almas mais puras são passíveis, tanto dos mais sérios vícios como das maiores virtudes. Os que andam devagar podem avançar muito mais do que os que correm; se seguirem sempre o caminho direito, enquanto aqueles se distanciam desse caminho.

Quanto a mim, nunca pretendi que a minha mente fosse, sob qualquer aspecto, mais perfeita do que a do comum dos homens. Ao contrário desejei, muitas vezes, ter o pensamento tão pronto ou a imaginação tão nítida e original, a memória tão ampla e tão presente quanto alguns outros. Não conheço outras qualidades que sirvam à perfeição do espírito. Sendo a razão ou o senso a única coisa que nos torna homens e nos distingue dos animais, quero acreditar que se encontre integralmente em cada um. Sigo, nisso, a opinião corrente entre os filósofos que dizem só haver algo de mais ou menos entre os *acidentes* e não entre as *formas* ou natureza dos *indivíduos* de uma mesma espécie.

Não receio dizer, porém, que tive muitas ocasiões de me encontrar, desde a juventude, em certos caminhos que me conduziram a considerações e a máximas com as quais formei um método que me permitiu aumentar gradativamente o meu conhecimento e levá-lo, aos poucos, ao mais alto grau que a mediocridade da minha mente e a breve duração da minha vida poderiam alcançar. Dele obtive tais resultados que, conforme ao juízo que faço de mim mesmo, prefiro antes inclinar-me para o lado da desconfiança que para o da presunção. Observando, com a visão de filósofo, as diversas ações e empresas de todos os homens, não vejo quase nenhuma que não me pareça vã e inútil, embora não deixe de experimentar extrema satisfação pelo progresso que julgo já ter feito na pesquisa da verdade e de nutrir tais esperanças para o futuro que, se entre as ocupações humanas, puramente humanas, existe alguma de fato boa e importante, ouso acreditar que seja a que escolhi.

É bem possível que me engane e talvez não passe de cobre e vidro o que tomo por ouro e diamante. Bem sei quando estamos sujeitos a equívocos sobre o que nos diz respeito e também quando devem ser suspeitos os juízos dos nossos amigos quando nos são favoráveis. Mas terei a satisfação de mostrar, neste discurso, quais foram os caminhos que segui, e de apresentar a minha vida como num quadro, para que todos possam julgá-la e para que, de acordo com a opinião geral que se tiver, tenha eu um novo meio de me instruir, que acrescentarei aos que costumo utilizar.

Assim, não me proponho a ensinar aqui, o método que cada indivíduo deveria seguir para bem conduzir a sua razão, mas apenas mostrar de que maneira procurei guiar a minha. Os que têm o propósito de oferecer preceitos devem julgar-se mais capazes do que os que os recebem e, por isso, ao falharem na mínima coisa, tornam-se dignos de censura. Mas, propondo-se este escrito ser apenas uma história ou, se o preferis, uma fábula, na qual, entre alguns exemplos que possam ser imitados, talvez se encontrem também outros que será preferível não seguir, espero seja ele útil a alguém, sem ser nocivo a ninguém, e que todos me sejam gratos pela minha franqueza.

Nutri-me de letras desde a minha infância e, como me convencessem de que, por meio delas, só podia adquirir um conhecimento claro e seguro de tudo o que é útil à vida, tive um enorme desejo de aprendê-las. Mal terminei, porém, todo o curso de estudos ao fim do qual se costuma ser incluído na categoria dos doutos, mudei inteiramente de opinião. É que me vi embaraçado por tantas dúvidas e erros que me parecia não ter tirado outro proveito senão o de ter descoberto cada vez mais a minha ignorância. Todavia, eu estava numa das mais famosas escolas européias, na qual achava devessem existir homens de ciência, se é que os há em algum ponto da terra. Aprendi tudo o que os outros aprendiam, mas não me contentei com as ciências que nos ensinavam: li todos os livros que tratavam das que se consideram mais curiosas e mais raras, e que puderam cair nas minhas mãos. Conhecia, além disso, os juízos que os outros expendiam a meu respeito; e não via que me julgassem inferior aos meus condiscípulos, se bem que entre eles já houvesse alguns que se destinavam a ocupar o lugar de professores. O nosso século afigurava-me tão florescente e tão fértil em boas mentalidades como qualquer dos precedentes. Isso me fazia tomar a liberdade de julgar por mim todos os outros e de pensar que não havia, no mundo, nenhuma doutrina tal como antes me tinham feito esperar.

Nem por isso deixei de apreciar os exercícios com que nos ocupávamos na escola, e sabia que as línguas aprendidas são necessárias para a compreensão dos livros antigos; que a delicadeza das fábulas desperta o espírito; que as ações memoráveis da história o realçam e, lidas com discrição, ajudam a formar o critério; que a leitura de todos os bons livros é como uma conversação com a gente mais honesta dos séculos passados, com os seus autores, e também uma conversação estudada na qual estes nos apresentam os seus melhores pensamentos; que a eloqüência tem forças e belezas incomparáveis; que a poesia tem delicadezas e doçuras fascinantíssimas; que as matemáticas têm invenções utilíssimas e podem servir muito, tanto para satisfazer os curiosos como para facilitar todas as artes e diminuir o trabalho dos homens; que os escritos que tratam dos costumes encerram numerosos ensinamentos e exortações muito úteis à virtude; que a teologia ensina a alcançar o céu; que a filosofia proporciona o meio de falar verossimilmente de todas as coisas e fazer-se admirar pelos menos doutos; que a jurisprudência, a medicina e as outras ciências conferem honras e riquezas aos que as cultivam; e, finalmente, que convém examiná-las todas, mesmo as mais supersticiosas e as mais falsas, para conhecê-las em seu justo valor e evitar equívocos.

Mas, julgava eu ter consagrado bastante tempo às línguas e à leitura dos livros antigos, às suas histórias e às suas fábulas. É que conversar com os outros séculos é quase o mesmo que viajar. Convém saber algo dos costumes dos diversos povos para melhor julgar os nossos e não pensar que tudo o que é contra os nossos hábitos seja ridículo e contra a razão, como costumam fazer os que não viram nada. Mas, quando se leva muito tempo viajando, acaba-se por ficar estrangeiro no próprio país; e, quando é muita a curiosidade pelo que se passou nos séculos passados, fica-se, em geral, ignorante do que se faz no presente. Além disso, as fábulas fazem imaginar muitos acontecimentos como possíveis, quando não o são, e mesmo as histórias mais fiéis, quando não modificam ou não aumentam o valor das coisas para torná-las mais dignas de serem lidas pelo menos omitem, quase sempre, as circunstâncias secundárias ou menos interessantes. Daí resulta que o resto não aparece tal qual é, que os que regulam os seus costumes pelos exemplos que aí se encontram ficam expostos a cair nas extravagâncias dos paladinos dos nossos romances e a conceber projetos que ultrapassam as próprias forças.

Eu estimava muito a eloqüência e me apaixonara pela poesia: mas achava que ambas eram dons da mente e não frutos do estudo. Os que têm o raciocínio mais convincente e meditam longamente os seus pensamentos para torná-los claros e inteligíveis, podem sempre convencer-se da excelência do que propõem, mesmo quando só falam o baixo bretão, sem nunca ter aprendido a retórica; e os que fizeram as invenções mais agradáveis e sabem exprimi-las com maior ornamento e doçura não poderão deixar de ser os melhores poetas, mesmo quando a arte poética é por eles desconhecida.

Deleitavam-me, sobretudo, nas matemáticas, a exatidão e a evidência dos seus raciocínios, mas não percebia ainda a sua verdadeira utilidade, e julgando que só servissem para as artes mecânicas, admirava-me de que, sendo os seus fundamentos tão firmes e tão sólidos, nada se tivesse edificado de mais alto sobre eles.

Comparava, ao contrário, os escritos dos antigos pagãos, que tratam dos costumes, a palácios soberbos e verdadeiramente magníficos, construídos exclusivamente sobre a areia e o barro: elevam muito as virtudes e as fazem parecer estimáveis sobre todas as outras coisas que se encontram no mundo, mas não ensinam a conhecê-las suficientemente e, muitas vezes, o que chama com tão belo nome não passa de insensibilidade, orgulho, desespero, parricídio.

Venerava a nossa teologia e pretendia, como qualquer outro, alcançar o céu. Tendo, porém, como coisa certíssima, que o caminho deste não se achava menos aberto para os ignorantes do que para os doutos, e que as virtudes reveladas que a ele nos conduzem estão acima da nossa inteligência, não ousava submetê-las à fragilidade do meu raciocínio e achava que, para animar-me a examiná-las e aprendê-las, era necessário possuir uma extraordinária assistência do céu e ser mais do que homem.

Da filosofia, direi apenas que, vendo que era cultivada pelos espíritos mais seletos que já existiram através de numerosos séculos, mas que, no entanto, nada encerrava que não fosse objeto de disputa e por conseguinte duvidoso, não tinha eu bastante presunção para julgar-me mais afortunado do que os outros, e, considerando quão diversas opiniões, acerca da mesma matéria, podem ser sustentadas por gente douta, sem que possa haver nunca mais de uma verdadeira, achava quase falso tudo o que era apenas verossímil.

Além disso, no que diz respeito às outras ciências, na medida em que tiram os seus princípios da filosofia, julgava que não se podia ter construído nada de sólido sobre fundamentos tão poucos firmes; e nem a honra nem o proveito que estas prometiam eram bastante para animar-me a aprendê-las, porque não me sentia absolutamente, graças a Deus, em condições que me obrigassem a fazer da ciência um meio de melhorar a minha fortuna; e, se bem que eu não fizesse profissão de desprezar a glória, como um cínico, muito pouca importância dava, contudo, àquela que só poderia obter com falsos títulos. Em suma, no que concerne às más doutrinas, já pensava saber bastante o que valiam para não me encontrar mais exposto a ser enganado, quer pelas promessas de um alquimista, quer pelas predições de um astrólogo, quer pelas imposturas de um mago, quer pelos artifícios ou pela parlapatice de alguém entre os que têm por objeto saber mais do que sabem.

Por isso, logo que a idade me permitiu sair da sujeição aos meus preceptores, abandonei inteiramente o estudo das letras. E, decidindo-me a não buscar outra ciência a não ser a que pudesse encontrar em mim mesmo ou no grande livro do mundo, empreguei o resto da minha juventude em viajar, ver cortes e exércitos, procurar a companhia de pessoas de diversos temperamentos e condições, colher experiências diversificadas, submeter-me eu próprio a experiências nos encontros que a sorte me proporcionasse e, por toda parte, refletir sobre as coisas que se me apresentassem, de tal maneira que pudesse tirar delas algum proveito uma vez que, parecia-me, poderia encontrar muito mais verdades nos raciocínios que cada um faz, referentes aos assuntos que lhe importam, e cujas conseqüências o devem punir logo em seguida, se julgou mal, do que naqueles que faz um homem de letras, em seu gabinete, relativos a especulações que nenhum efeito produzem e nenhum resultado lhe proporcionam, a não ser, talvez, o de o tornarem tanto mais vaidoso quanto mais essas especulações se distanciarem do senso comum, pois terá de empregar tanto maior dose de espírito e de artifício ao procurar torná-las verossímeis. E eu sempre tinha um desejo extremo de aprender a distingüir o verdadeiro do falso, para ver claro nas minhas ações e andar com segurança nesta vida.

É verdade que, enquanto me limitava a considerar os costumes dos outros homens, não encontrava nada que me convencesse, e notava, a esse respeito, quase tanta diversidade quanto à que antes encontrei nas opiniões dos filósofos. Assim, o maior proveito que tirei ao ver semelhantes coisas que, embora pareçam muito extravagantes e ridículas, não deixam de ser, em geral, aceitas e aprovadas por outros grandes povos, foi passar a não acreditar com muita firmeza em nada mais do que me havia sido inculcado por influência do exemplo e do costume. E assim me libertei, pouco a pouco, de uma porção de erros que podem ofuscar a nossa lucidez natural e tornar-nos menos capazes de ouvir a razão. Mas, depois de ter empregado alguns anos em estudar dessa forma no livro do mundo e em procurar adquirir um pouco de experiência, tomei, um dia, a resolução de estudar, também, em mim mesmo e de empregar todas as forças da minha mente em escolher o caminho que devia seguir: e me saí melhor, parece, do que se nunca me tivesse afastado do meu país e dos meus livros.

Segunda Parte

Achava-me então na Alemanha, aonde me levara a oportunidade da guerra que ainda não havia terminado.[3] Ao voltar da coroação do imperador[4] para o exército, como não encontrasse nenhuma palestra que me distraísse no lugar em que me prendeu o começo do inverno, e como não tivesse além disso, por felicidade, nenhuma preocupação ou paixão que me perturbasse, passei o dia sozinho, fechado num quarto bem aquecido, onde dispunha de todo o tempo para entreter-me com os meus pensamentos. Entre estes, um dos primeiros foi o de me por a considerar que, muitas vezes, não há tanta perfeição nas obras compostas de muitos retalhos e feitas pelas mãos de diversos autores como naquelas em que, somente um trabalhou. Assim é que os edifícios que um só arquiteto empreendeu e terminou costumam ser mais belos e mais bem situados do que os que muitos procuram reconstruir utilizando velhas paredes levantadas para outros fins. Eis por que as velhas cidades, que, não passando a princípio de pequenas povoações, se tornaram com o tempo grandes cidades, são, por via de regra, tão mal alinhadas, quando comparadas às praças regulares que um engenheiro traça segundo a sua fantasia numa planície; que, mesmo considerando os seus edifícios cada um de

3. A guerra dos Trinta Anos, iniciada em 1618.

4. Fernando II, coroado em 1619, em Frankfurt.

per si, neles se encontra, muitas vezes, arte igual ou maior do que nos construídos por vários, e contudo, ao ver como são dispostos, aqui um grande, ali um pequeno, e como tornam as ruas curvas e desiguais, dir-se-ia que foi a sorte, e não a vontade de alguns homens razoáveis, que os dispôs assim. E, quando se considerar que, no entanto, existiram sempre funcionários encarregados de cuidar dos edifícios particulares para fazê-los servir como ornamento público, ficar-se-á sabendo que, trabalhando exclusivamente em obras alheias, é difícil fazer coisas completas.

Imaginei, por isso, que os povos que, tendo sido no passado semi-selvagens e não se tendo civilizado senão pouco a pouco, só fizeram suas leis na medida em que a isso foram constrangidos pelo perigo dos delitos e dos conflitos, não poderiam ser tão civilizados como os que, desde que se reuniram, observaram as constituições de prudentes legisladores. E também é certo que a estrutura da verdadeira religião, cujos decretos somente por Deus foram feitos, deve ser incomparavelmente mais bem feita do que todas as outras. E, para falar das coisas humanas, creio que, se Esparta foi outrora tão florescente, isso não se deveu à excelência de cada uma de suas leis, muitas das quais eram bem estranhas e até contrárias aos bons costumes, mas ao fato de que, tendo sido elaboradas por um só, tendiam sempre ao mesmo fim. E, assim, pensei que as ciências dos livros, pelo menos aquelas cujas razões são apenas prováveis e não têm nenhuma demonstração, sendo compostas e aumentadas, aos poucos, com as opiniões de muitas e diversas pessoas, não se avizinham tanto da verdade quanto os simples raciocínios que pode fazer, naturalmente, um homem de bom senso sobre as coisas que se lhe apresentam. E pensei, também, que, tendo sido todos nós crianças antes de nos tornarmos homens, e, portanto, durante muito tempo governados por nossos apetites e por nossos preceptores, por certo, muitas vezes bem diferentes uns de outros em que, talvez, nenhum deles nos aconselhasse, sempre, da melhor forma; é quase impossível que os nossos juízos fossem tão puros ou tão sólidos como seriam caso tivéssemos podido ter o uso completo da nossa razão desde o nosso nascimento e nos guiássemos, sempre, por ela.

É verdade que não acreditamos que se derrubem todas as casas de uma cidade só para reconstruí-la de outra maneira e tornar as ruas mais bonitas. Compreende-se, porém, que alguém mande demolir a sua própria casa para reconstruí-la e que, às vezes seja forçado a isso por se encontrar em perigo e não serem os alicerces muito sólidos. Por esse exemplo, convenci-me de que verossimilmente, não haveria nenhuma probabilidade de que um indivíduo se propusesse reformar um estado mudando-lhe todos os fundamentos e, derrubando-o para tornar a erguê-lo, nem tampouco reformar o corpo das ciências ou a ordem estabelecida nas escolas para ensiná-las. No que diz respeito a todas as opiniões de que até então me cientificara não podia eu fazer melhor do que empreender tirá-las de novo da minha crença para depois adotar outras melhores, ou as mesmas, quando estivessem ao nível da razão. E acreditei firmemente que, por esse meio, conseguiria orientar a minha vida muito melhor do que se me limitasse a construir, exclusivamente, sobre velhos fundamentos e a apoiar-me nos princípios que deixara me inculcassem em minha mocidade, sem nunca ter examinado se eram verdadeiros.[5] Porque, embora notasse nisso diversas dificuldades, não eram estas, contudo, sem remédio, nem comparáveis às que se acham na reforma das mínimas coisas referentes ao público. É muito difícil tornar a erguer grandes corpos depois de caídos, assim como consolidá-los quando abalados: suas quedas são sempre muito violentas. Além disso, quanto às suas imperfeições, se as têm, e aliás a simples diversidade que há entre eles basta para assegurar que muitos as têm, o uso as atenuou consideravelmente, sem dúvida; e mesmo evitou algumas e corrigiu insensivelmente muitas, o que não se teria podido fazer tão bem pela prudência. Em suma, são eles, quase sempre, mais suportáveis do que se fossem mudados, da mesma maneira por que as estradas mestras que circundam as montanhas vão, aos poucos, tornando-se tão unidas e tão cômodas, à força de serem freqüentadas, que é muito melhor segui-las do que pro-

5. *"Não aceitar nada como verdadeiro sem, antes, reconhecê-lo como tal."* – Descartes.

curar caminhar mais diretamente, trepando nas rochas e descendo ao fundo dos precipícios.

Não poderei, por isso, de forma alguma, aplaudir esses caracteres confusionistas e inquietos que, não sendo chamados, nem pelo nascimento nem pela fortuna, a dirigir os negócios públicos, não cessam de fazer, com a imaginação, alguma nova reforma. E, se eu achasse haver neste escrito a menor coisa que pudesse criar, a meu respeito, a suspeita de semelhante loucura, ficaria aflitíssimo ao vê-lo publicado. O meu propósito, porém, foi apenas procurar reformar os meus próprios pensamentos e edificar sobre uma base toda minha. Por estar satisfeito com o meu trabalho, pretendendo ver aqui o modelo, não é que irei aconselhar alguém a imitá-lo. Os que Deus mais favoreceu com suas graças talvez tenham desígnios mais altos. Mas receio bastante que, para muitos, isso já pareça ousado demais. A simples resolução de libertar-se de todas as opiniões já aceitas não é um exemplo que todos devam seguir.

O mundo é composto, quase que exclusivamente, de duas mentalidades às quais isso está longe de convir, a saber: os que, julgando-se mais capazes do que são, só podem ter juízos precipitados sem possuírem a paciência suficiente para conduzir com ordem todos os seus pensamentos, de forma que, se acaso tivessem tido a liberdade de duvidar dos princípios que lhes foram inculcados e de se afastarem do senso comum, não poderiam mais tomar o caminho que é preciso seguir para agir mais acertadamente e ficariam mergulhados na confusão durante toda a vida; e os que, tendo bastante critério ou modéstia para julgar-se menos capazes de distinguir o verdadeiro do falso do que alguns outros pelos quais podem ser instruídos, devem contentar-se, ao contrário, em seguir as opiniões destes, procurando entre elas as melhores.

Quanto a mim, deveria estar, sem dúvida, no número destes últimos, se nunca tivesse mais do que um professor e nada tivesse conhecido sobre as diferenças existentes, em todos os tempos, entre as opiniões dos mais doutos. Tendo aprendido porém, desde os tempos escolares, que não se poderia imaginar nada tão pouco verossímil que não tivesse sido dito por algum filósofo; tendo reconhecido, ao viajar, que todos aqueles que possuem sentimentos muito contrários aos nossos nem por isso são bárbaros ou selvagens, pois que muitos, tanto ou mais do que nós, fazem uso da razão; tendo considerado quanto um mesmo homem com a sua mesma mentalidade, educado desde a infância entre alemães e franceses, se torna diferente do que seria se tivesse vivido sempre entre chineses ou canibais; finalmente, tendo visto como, até nas modas da nossa roupa, a mesma coisa que nos agradou dez anos atrás e tornará, talvez, a agradar-nos antes de dez anos, nos parece agora extravagante e ridícula, de maneira que são muito mais o costume e o exemplo que nos persuadem do que qualquer conhecimento exato, assim como a pluralidade dos votos não é prova que valha alguma coisa para as verdades um pouco difíceis de descobrir, sendo muito mais verossímil que um só homem as encontre do que um povo inteiro – não podia eu escolher nenhuma pessoa cujas opiniões me parecessem tais que devessem ser preferidas às dos outros, e fui assim constrangido a empreender por mim mesmo a tarefa de me orientar. Mas, como alguém que caminha só, e em trevas, decidi-me a proceder tão lentamente e usar de tanta circunspeção em todas as coisas, que avançava muito pouco; pelo menos tinha certeza de não cair e, além do mais, não quis começar a repelir, por completo, algumas das opiniões que puderam insinuar-se no passado em minha crença que tenham sido aceitas pela minha razão, antes de empregar muito tempo para formar o projeto da obra que me propus e procurar o verdadeiro método para atingir o conhecimento de todas as coisas das quais o meu intelecto fosse capaz.

Quando mais moço, entre os ramos da filosofia, havia estudado um pouco a lógica, e, entre as matemáticas, a geometria analítica e a álgebra, três artes ou ciências que me pareciam poder contribuir em alguma coisa para o meu projeto.

Mas, examinando-as, verifiquei, quanto à lógica, que os seus silogismos e a maior parte de suas restantes instruções serviam mais para explicar aos outros as coisas que se sabem, ou ainda, com a arte de Lulle,[6] para falar em critério das que se ignoram, do que para aprendê-las; e, embora ela encerre, de fato, muitos preceitos verdadeiros e bons, possui, contudo, outros tantos nocivos ou supérfluos, de forma que é quase tão difícil separá-los como tirar Diana ou Minerva, da pedra-mármore ainda não preparada. Depois, quanto à geometria analítica dos antigos e à álgebra dos modernos, além de só abrangerem matérias muito abstratas que parecem não ter utilidade alguma, acontece que a primeira está ligada às considerações das figuras que não pode exercitar o intelecto sem fatigar muito a imaginação, e, quanto à segunda, sujeitaram-nos tanto a certas regras e a certas cifras, que a transformaram numa arte confusa e obscura que embaraça a nossa mente, em lugar de uma ciência que a cultive. Foi essa a causa de eu concluir que era preciso procurar um outro método que, compreendendo as vantagens desses três, fosse isento dos seus defeitos. E como o excesso de lei fornece freqüentemente escusas ao vício, de maneira que um Estado é muito mais bem organizado quando, só possuindo muito poucas, são elas estritamente observadas, julguei, portanto, que, em lugar dos numerosos preceitos de que se compõe a lógica, me seriam bastantes os quatro seguintes, desde que tomasse a firme e constante resolução de não deixar de observá-los nenhuma vez.

O primeiro consistia em nunca aceitar como verdadeira nenhuma coisa que eu não conhecesse evidentemente como tal, isto é, em evitar, com todo o cuidado, a precipitação e a precaução, só incluindo nos meus juízos o que se apresentasse de modo tão claro e distinto à minha mente que não houvesse nenhuma razão para duvidar; o segundo, em dividir cada uma das dificuldades que devesse examinar em tantas partes quanto possível e necessário para resolvê-las; o terceiro, em por ordem nos meus pensamentos, a começar pelos objetos mais simples e mais fáceis de conhecer, para chegar, aos poucos, gradativamente, ao conhecimento dos mais complexos e, supondo também, uma ordem entre aqueles que não se precedem naturalmente uns aos outros;

---

6. Raimundo Lulle (1234-1315), autor da *Ars Magna*.

e o último, em fazer, para cada caso, enumerações tão completas e revisões tão gerais que tivesse a certeza de não ter omitido nada.

Esse longo encadeamento de razões simples e fáceis, das quais os geômetras costumam servir-se para conseguir as suas mais difíceis demonstrações deu-me ensejo de imaginar que todas as coisas que podem cair sob a consciência dos homens sucedem-se da mesma maneira, e que, desde que se evite tomar como verdadeira alguma que não o seja e se conserve sempre a ordem necessária para deduzir umas das outras, não podem existir tão longínquas que não se alcancem, nem tão ocultas que não se descubram.

E não custei muito a achar por quais eu deveria começar, pois já sabia que era pelas mais simples e mais fáceis de conhecer; e, considerando que, entre todos os que, antes de mim, procuraram a verdade nas ciências, apenas os matemáticos puderam achar algumas demonstrações, isto é, algumas razões certas e evidentes, não duvidei de que isso se explicava pelas próprias coisas que foram por eles examinadas, embora não esperasse delas nenhuma utilidade a não ser a de que habituariam minha mente a nutrir-se de verdades e não se contentar com falsas razões.

Mas, para isso, não precisarei procurar aprender todas as ciências particulares que comumente se chamam matemáticas. Vendo que, embora sejam diferentes os seus objetos, não deixam todas de concordar no fato de considerarem apenas as diversas relações ou proporções que nos mesmos se encontram, achei melhor examinar somente as proporções em geral e supô-las só nos argumentos que servissem para tornar o seu conhecimento mais fácil, sem nenhum constrangimento, para poder, justamente por isso, aplicá-las melhor depois, a todas as outras às quais pudessem servir.

Em seguida, tendo verificado que, para conhecê-las, precisaria, às vezes, considerá-las cada uma de per si, e, às vezes somente ter em conta e compreender várias ao mesmo tempo, achei que, para considerá-las melhor em particular, devia supô-las ordenadamente, pois não achava nada de mais simples nem que pudesse mais distintamente representar para a minha imaginação e para os meus sentidos; mas, para tê-las em conta ou compreendê-las ao mesmo tempo, era necessário que eu as explicasse com algumas cifras, tão breves quanto possível. Por esse meio, tomaria toda a melhor parte da geometria analítica e da álgebra e corrigiria todos os defeitos de uma pela outra.

E, de fato, ouso dizer que a exata observação desses poucos preceitos que eu tinha escolhido me facilitou de tal forma a escolha de todas as questões das quais tratam essas duas ciências, que, em dois ou três meses que empreguei em examiná-las, começando pelas mais simples e gerais, tomando cada verdade que encontrava como uma regra que me serviria para encontrar outra, não apenas consegui decifrar inúmeras delas, que antes julgara dificílimas, como, ainda, pareceu-me, até ao fim, que poderia determinar, apesar de ignoradas, por que meios e até onde era possível resolvê-las. E isso não parecerá, talvez, excessivamente inútil, se se considerar que, só havendo uma verdade em cada coisa, qualquer um que a encontre saberá tanto quanto pode saber. Assim, por exemplo, uma criança que saiba aritmética, tendo feito uma soma de acordo com a regra, pode estar certa de ter encontrado, em relação à questão que examinava, tudo que a mente humana poderia encontrar. É que o método que ensina a seguir a verdadeira ordem e a enumerar com exatidão todas as circunstâncias daquilo que se procura contém tudo quanto dá certeza às regras da aritmética.

Mas o que mais me satisfazia nesse método era que, por meio dele, tinha eu a segurança de usar, em cada coisa, da minha razão, se não perfeitamente, ao menos da melhor forma que me era possível. Sentia, além disso, praticando-o, que a minha mente se habituava, aos poucos, a conceber mais nítida e distintamente os seus objetos, e que, não a tendo nunca submetido a uma matéria particular, me prometia aplicá-la tão utilmente às dificuldades das outras ciências, como fizera com as da álgebra: não que, para isso, ousasse empreender examinar logo todas as que se apresentassem, porque também isso seria contrário às regras que o método prescreve, mas porque, tendo percebido que os seus princípios deviam ser todos tirados da filosofia, na qual eu não encontrava ainda nenhuma certeza, achei necessário, antes de tudo, procurar estabelecer alguns deles e, sendo isso a coisa mais importante do mundo e onde a precipitação e a prevenção mais deviam temer-se, não devia empreender lançar-me à obra antes de ter atingido uma idade bem mais madura que a de vinte e três anos, que tinha então, e sem ter antes gasto muito tempo em preparar-me, quer tirando da minha mente todas as más opiniões que tinha aceito antes daquele tempo, quer fazendo tesouro de numerosas experiências, que depois se tornaram o assunto dos meus raciocínios, e exercitando-me sempre no método que me havia prescrito com o propósito de nele me adestrar cada vez mais.

TERCEIRA PARTE

Em suma, assim como antes de começar a reconstruir a casa onde moramos, não basta derrubá-la e fazer provisão de materiais e de arquitetos, ou exercitarmo-nos nós mesmos na arquitetura, e, além disso, traçarmos cuidadosamente a sua planta, pois que é preciso também possuirmos outra casa na qual possamos ficar alojados com comodidade durante o tempo que durar o trabalho da nova, assim, para não ficar irresoluto em minhas ações, enquanto a razão me obrigasse a sê-lo nos meus juízos, e para viver, dessa forma, tão feliz quanto me fosse possível, formei, para meu uso, uma moral provisória, consistindo apenas em três ou quatro máximas que desejo trazer ao vosso conhecimento.

Consistia a primeira em obedecer às leis e aos costumes do meu país, conservando sempre a religião em que Deus me fez a graça de ser instruído desde a infância e orientando-me em tudo o mais pelas opiniões mais moderadas e que mais se afastassem do excesso, geralmente aceitas na prática, pelos mais sensatos entre os quais eu deveria viver.

E assim, começando por fazer abstração das minhas, uma vez que desejava submetê-las a exame, estava certo de que o melhor seria seguir as dos mais sensatos. E embora seja provável que, entre os persas ou os chineses, existam pessoas tão sensatas como entre nós, tinha eu a impressão de que o mais útil seria guiarme por aqueles com os quais deveria viver e, para saber ao certo quais seriam suas opiniões, era preciso tomar como norma, antes o que faziam do que o que diziam, não só porque, na corrupção dos nossos costumes, pouca gente quererá dizer tudo o que pensa, mas ainda porque muitos de fato o ignoram. É que a ação do pensamento pela qual se crê uma coisa, difere daquela pela qual se sabe que tal coisa é criada, e, assim, elas existem freqüentemente uma sem a outra.

E, entre numerosas opiniões igualmente admitidas, eu só escolhia as mais moderadas quer por serem sempre as mais cômodas de praticar e verossimilmente as melhores, porque todo excesso tem o defeito de ser pernicioso, quer para me desviar menos do verdadeiro caminho quando induzido a errar; e isso porque, se tivesse escolhido um dos extremos, poderia ter sido o outro o que era necessário seguir. Entre os excessos, incluía eu, sobretudo, as promessas pelas quais se tira uma parcela da própria liberdade: não que desaprovasse as leis que, para atenuar a inconstância dos caracteres fracos, permitem, quando se tem uma boa idéia ou quando se trata da segurança do comércio, algum projeto para o qual seja indiferente que se façam votos ou contratos que obriguem o seu cumprimento; mas é que, não vendo no mundo nada que ficasse sempre no mesmo estado e, no que me concerne, prometendo aperfeiçoar cada vez mais os meus juízos, e não torná-los piores, teria julgado cometer um atentado contra o bom senso, se, por aprovar alguma coisa, me comprometesse a aceitá-la como boa, mesmo no caso em que deixasse de o ser e eu não mais a considerasse como tal.

Minha segunda máxima consistia em ser tão firme e tão resoluto quanto possível nos meus atos e em seguir as opiniões mais duvidosas, uma vez que por elas me houvesse decidido, com constância não menor do que se fossem exatíssimas. Imitava, nisso, os viajantes que, ao se verem perdidos numa floresta, não devem errar de um lado para outro, nem tampouco ficar no mesmo lugar e sim caminhar tão direto quanto possível, seguindo o mesmo rumo, sem nunca mudar de direção por motivos fúteis, mesmo quando, a princípio, tenha sido apenas o acaso o fator determinante da escolha. Se, por esse meio, não chegam ao lugar que desejam alcançar, acabarão ao menos por atingir um ponto no qual muito possivelmente se encontrarão melhor do que no meio da floresta. Assim, pois, como os atos da nossa vida nem sempre permitem um adiamento, é uma verdade certíssima que, não havendo possibilidade de discernir as opiniões mais verdadeiras, devemos seguir as mais prováveis e, mesmo que não vejamos maiores probabilidades em umas do que em outras, devemos, contudo, decidir-nos por algumas e passar a considerá-las não mais como duvidosas, na medida em que se refiram à prática, mas como muito verdadeiras e certas porque, como tal, deve ser considerada a razão que nos decidiu por elas. Eis o que, até agora, permitiu que me livrasse de todos os remorsos e arrependimentos que costumam agitar as consciências de certos espíritos fracos e vacilantes que, em sua indecisão, se deixam induzir à prática de coisas que julgaram boas, quando agora verificam serem más.

Minha terceira máxima consistia em procurar sempre vencer a mim antes que à fortuna; em mudar antes os meus desejos que a ordem do mundo, e, de um modo geral, em habituar-me a acreditar que não há nada que esteja tanto em nosso poder como os nossos pensamentos, de maneira que, depois de termos feito todo o possível no que diz respeito às coisas que nos são exteriores, tudo o mais que não conseguimos, a nosso respeito, é absolutamente impossível. E só isso me parecia suficiente para evitar que eu desejasse no futuro, o que não podia alcançar e para dar-me assim por satisfeito. Uma vez que a nossa vontade só nos permite desejar, naturalmente, as coisas que o nosso critério de algum modo considera possíveis, é certo que, se tivermos em conta todos os bens que estão fora de nós como igualmente afastados do nosso poder, não sentiremos maior desgosto por não possuirmos os que parecem ser devidos ao nosso nascimento, quando deles formos privados sem nossa culpa, do que sentiríamos por não possuirmos os reinos da China ou do México. Fazendo da necessidade virtude, como se costuma dizer, não desejaremos tão pouco estar sãos quando estivermos doentes ou estar em liberdade quando no cárcere, assim como não desejamos ter o corpo feito matéria tão pouco corruptível como diamante, ou asas para voar como os pássaros. Confesso, porém, que são necessários um longo exercício e uma meditação muitas vezes reiterada para adquirir o hábito de assim encarar as coisas. Creio ter consistido nisso, sobretudo, o segredo dos filósofos que puderam outrora furtar-se à força do destino e, apesar do sofrimento e da pobreza, disputar a felicidade com os deuses. Ocupando-se constantemente em considerar os limites que lhes prescreveu a natureza, persuadiam-se tanto de que, além dos seus pensamentos, não havia nada que lhes fosse possível, que só isso bastava para impedir que tivessem alguma afeição por outras coisas. Dispunham de modo tão absoluto dos seus pensamentos que alguma razão tinham para julgar-se mais ricos, mais poderosos, mais livres e mais felizes do que os outros homens que, não tendo essa filosofia, por mais favorecidos que fossem pela natureza e pela fortuna, não dispunham nunca de tudo o que queriam.

Finalmente, para conclusão dessa moral, pensei em fazer um retrospecto das diversas ocupações que têm tido os homens nesta vida, com o fim de procurar a melhor. Sem nada querer dizer das dos outros, achei que o melhor seria continuar com aquela que já tinha, isto é, empregar toda a minha vida em cultivar a minha razão e em adiantar-me tanto quanto possível no conhecimento da verdade, segundo o método que me havia prescrito. Tão grande foi o meu contentamento depois que comecei a servir-me desse método, que acreditava não ser possível experimentar nenhum mais doce, nem mais inocente nesta vida. E, ao descobrir, por meio dele, algumas verdades que me pareciam bastante importantes e em geral ignoradas pelos outros homens, a minha satisfação era tal que tudo o mais era absolutamente indiferente para o meu espírito.

Além disso, as três máximas precedentes baseavam-se exclusivamente na resolução que tomara de continuar a instruir-me. Tendo Deus dado a cada um de nós algumas luzes para discernir o verdadeiro do falso, eu não julgava, um só instante, dever contentar-me com as opiniões alheias, sem examiná-las oportunamente, de acordo com o meu próprio critério. Por isso, tinha eu escrúpulo em segui-las antes de encontrar as melhores existentes. Não sabia, enfim, limitar os meus desejos nem me dar por satisfeito antes de seguir um caminho pelo qual, acreditando ter adquirido com segurança todos os conhecimentos de que era capaz, esperava alcançar ainda os verdadeiros bens que dependessem de mim. Com efeito, só se prestando a nossa vontade a aceitar ou repelir uma coisa conforme a julgue boa ou má o nosso critério, basta bem julgar para bem fazer; ora, julgar o melhor possível, para fazer também o melhor possível, eqüivale a adquirir todas as virtudes e os outros bens que possam ser adquiridos. E não se pode deixar de ficar satisfeito quando se tem a certeza do êxito.

Depois de me haver assim certificado dessas máximas e de as haver conservado juntamente com as verdades da fé, que tiveram sempre o primeiro lugar em minha crença, achei que poderia desfazer-me livremente das minhas outras opiniões. E, como esperasse obter um êxito maior conversando com os homens do que permanecendo fechado no quarto em que tivera esses pensamentos, comecei a viajar, antes mesmo que terminasse o inverno. Durante os nove anos seguintes, não fiz outra coisa senão percorrer o mundo, procurando antes ser espectador que ator em todas as comédias que nele se representam. Refletindo, em particular, sobre aquilo que em cada matéria pudesse torná-la suspeita e fazer com que nos enganássemos, ia eu livrando a minha mente de todos os erros que se lhe haviam insinuado.

Não imitava nisso os céticos, que só duvidam por duvidar e dão mostras de estar sempre irresolutos. Todo o meu propósito tendia, ao contrário, a adquirir a certeza, a afastar a terra movediça e a areia, para descobrir a rocha ou a argila. Perece que me saía muito bem, porque, ao procurar descobrir a falsidade ou incerteza das proposições que examinava, não com fracas conjecturas, mas com raciocínios claros e seguros, não encontrava nenhuma tão duvidosa que não encerrasse sempre alguma conclusão bastante certa, pelo menos a de nada conter de certo. E, assim como ao derrubar uma casa velha, costumamos reservar o material de demolição para utilizá-lo na construção de uma nova, assim também ao destruir todas as minhas opiniões que julgava mal fundadas, fazia várias observações e adquiria não poucas experiências que mais tarde me serviram para estabelecer outras mais certas. Além disso, continuava a exercitar-me no método que me havia prescrito, porque não só tinha, em geral, o cuidado de guiar todos os meus pensamentos de acordo com as regras desse método, como também, nos intervalos, empregava algumas horas em aplicá-lo particularmente às dificuldades matemáticas ou a várias outras que eu podia tornar quase semelhantes às das matemáticas, tirando-lhes todos os princípios das outras ciências que eu não achava bastante firmes, como ireis ver em vários casos que vão explicados neste volume.[7]

E assim, sem viver, em aparência, diferentemente dos que, não tendo outra ocupação senão a de passar uma vida tranqüila e inocente, se esforçam por separar os prazeres dos vícios e, para gozar do seu ócio sem se enjoarem, recorrem a todos os divertimentos honestos, não deixava de perseverar no meu desígnio e de tirar, talvez, mais conhecimentos da verdade do que somente lendo livros ou mantendo relações com os letrados.

No entanto, esses nove anos transcorreram antes de eu tomar qualquer decisão acerca das dificuldades que costumam ser discutidas pelos doutos e antes de começar a procurar os fundamentos de qualquer filosofia que fosse mais certa do que a vulgar. E o exemplo de numerosas e excelentes inteligências, que tendo tido muito antes de mim esta idéia, não me pareciam ter sido bem sucedidas, fazia-me imaginar tantas dificuldades nesse sentido que talvez nem sequer eu ousasse empreender semelhante tarefa se não tivesse observado que já faziam correr a notícia de que me desincumbiria perfeitamente. Não sei dizer em que fundavam suas opiniões. Se para isso contribuí em alguma coisa com os meus discursos decerto foi pela confissão do que ignorava, feita mais

7. Como se viu na *Notícia Biográfica*, no mesmo volume da primeira edição do *Discurso sobre o Método*, vinham a *Geometria*, a *Dióptrica* e os *Meteoros*.

ingenuamente do que costumam fazer os que estudaram um pouco e, talvez, também por ter apresentado as razões que me levaram a duvidar de muitas coisas que os outros consideram certas, e sem vangloriar-me de qualquer doutrina.

Como tinha, porém, o coração suficientemente bom para não pretender ser julgado diferente do que era, achei que era preciso empregar todos os meios para tornar-me digno do conceito em que era tido. Faz precisamente oito anos que esse desejo me decidiu a afastar-me de todos os lugares em que pudesse ter relações, e a vir para aqui, para este país onde a longa duração da guerra fez estabelecer tal disciplina militar, que os exércitos aqui mantidos só parecem servir para que os frutos da paz sejam gozados com maior segurança, e onde, na multidão de um grande povo ativíssimo e mais cioso dos seus próprios negócios do que curioso dos alheios, pude eu, sem que me faltasse nenhuma das comodidades existentes nas cidades mais freqüentadas, viver tão solitário e retirado como nos desertos mais longínquos.

QUARTA PARTE

Não sei se devo entreter-vos com as minhas primeiras meditações nesse retiro, porque são tão metafísicas e pouco comuns que talvez não agradem a todos. Mas, para que se possa julgar se os fundamentos por mim estabelecidos são bastante sólidos, vejome, de algum modo, obrigado a dizer algo a respeito.

Como já disse acima, havia muito que eu notara, no que se refere aos costumes, a necessidade de seguir, às vezes, como indubitáveis, opiniões muito incertas. Como, porém, nessa época, desejasse dedicar-se unicamente à pesquisa da verdade, achei melhor fazer justamente o contrário e rejeitar como absolutamente falso tudo aquilo em que pudesse imaginar a menor dúvida, e isso para verificar se restaria, depois, alguma coisa em minha crença que fosse inteiramente indubitável. Assim, sabendo que os nossos sentidos, às vezes, nos enganam, quis supor que não havia nada que correspondesse exatamente ao que nos fazem imaginar. Como há homens que se iludem em seus raciocínios e incorrem em paralogismos, mesmo quando se trata da mais simples noção de geometria, e julgando-me, também eu, tão sujeito a erros como os demais, repeli como falsas todas as razões que antes tomara por demonstrações. Finalmente, considerando que os mesmos pensamentos que temos quando acordados podem ocorrer-nos quando dormimos, sem que haja então um só verdadeiro, decidi-me a fingir que todas as coisas que outrora me entraram na mente não eram mais verdadeiras do que as ilusões dos meus sonhos. Mas, logo depois, observei que, enquanto pretendia assim considerar tudo como falso, era forçoso que eu ao pensar, fosse alguma coisa. Notei, então, que a verdade *penso, logo existo* era tão sólida e tão certa que nem mesmo as mais extravagantes suposições dos céticos poderiam abalá-la. E, assim julgando, conclui que não deveria ter escrúpulo em aceitá-la como o primeiro princípio da filosofia que buscava.

Depois, examinando atentamente o que eu era e verificando que podia fingir que não tinha corpo e nenhum mundo ou lugar havia em que me encontrasse, mas, ao mesmo tempo, não podendo fingir que não existia, bastando o fato de duvidar da verdade das outras coisas para demonstrar, de modo bastante certo e evidente, que eu existia, ao passo que bastaria deixar de pensar, mesmo admitindo que tudo o que imaginasse fosse verdadeiro, para não haver nenhuma razão que me levasse a crer na minha existência, depreendi de tudo isso que eu era uma substância cuja essência ou natureza consiste exclusivamente em pensar e que, para existir, não precisa de nenhum lugar nem depende de nada material, de forma que eu, isto é, a alma, pela qual eu sou o que sou, é inteiramente distinta do corpo e até mais fácil de conhecer do que este, e, mesmo que o corpo não existisse, ela não deixaria de ser tudo o que é.

Em seguida, considerei, em geral, do que carece uma proposição para ser verdadeira e certa, pois que, tendo encontrado uma nestas condições, devia saber também em que consiste essa certeza. E, tendo notado que, em *penso logo existo*, nada me garante que eu esteja dizendo a verdade, ao mesmo tempo que vejo claramente que, para pensar, é necessário existir, julguei poder tomar, como regra geral, que as coisas que concebemos com muita clareza e nitidez são todas verdadeiras, havendo apenas alguma dificuldade em discernir as que concebemos com nitidez.

Depois disso, refletindo sobre o fato de que eu duvidava, e, por conseguinte, o meu ser não era de todo perfeito, pois para mim era claro que perfeição maior do que duvidar era conhecer, ocorreu-me a idéia de descobrir de onde aprendera a pensar em algo mais perfeito do que eu, eu achei evidente que algo devia existir de natureza mais perfeita. No que concerne às idéias que possuía sobre várias outras coisas exteriores a mim, como o céu, a terra, a luz, o calor e milhares de outras, não me esforçava tanto por saber de onde provinham, porquanto não vendo nelas nada que me parecesse torná-las superiores a mim, podia acreditar que, se eram verdadeiras, dependiam da minha natureza, do que tinha esta de perfeito, e, se não o eram, isso significava que provinham do nada, isto é, que estavam em mim pelo que eu tinha de imperfeito.

O mesmo, porém, não podia suceder com a idéia de um ser mais perfeito do que eu, pois era manifestamente impossível tirá-la do nada. E, não sendo menos repugnante admitir o mais perfeito como resultado e dependência do menos perfeito do que considerar algo provindo do nada, tornava-se claro que tampouco de mim poderia eu tê-la recebido. Chegava, assim, à conclusão que fora em mim introduzida do que eu e encerrando em si todas as perfeições das quais pudesse eu fazer uma idéia, isto é, para explicar-me numa só palavra: Deus.

A isso acrescentei que uma vez conhecendo algumas perfeições que não possuía não era eu o único ser existente (tomarei aqui se mo permitis, a liberdade de empregar os termos escolásticos), mas era necessário haver outro mais perfeito do qual eu dependesse e de quem tivesse adquirido tudo o que possuía. Com efeito, se eu existisse só, independentemente de qualquer outro ser, e tivesse obtido de mim mesmo esse pouco que constitui uma parte do ser perfeito, de mim teria podido tirar, pela mesma razão, tudo o mais que reconhecia não possuir e, dessa forma, ser também eu infinito, eterno imutável, onisciente, onipotente, em suma ter todas as perfeições que podia notar em Deus. De fato, de acordo com os raciocínios que acabo de fazer para conhecer a natureza de Deus, na medida em que a minha era capaz disso, só me restava considerar se era ou não perfeição possuir todas as coisas de que tinha uma idéia. Ora, eu estava certo de que nele não havia nenhuma que apresentasse qualquer imperfeição, ao passo que todas as outras existiam. A dúvida, a inconstância, a tristeza e coisas semelhantes não podiam existir em Deus, quando eu próprio me sentiria feliz se a elas não estivesse sujeito.

Além disso, fazia uma idéia dessas coisas sensíveis e corporais, porque, mesmo supondo que sonhava e que tudo o que via ou imaginava era falso, nem por isso podia negar que as idéias existiam de fato no meu pensamento. Mas, tendo observado por mim, com muita clareza, que a natureza inteligente é diversa da corporal, e considerando que toda composição é uma prova de dependência, sendo esta manifestamente um defeito, concluí que Deus não poderia ser perfeito se composto dessas duas naturezas que não eram inteiramente perfeitas, em seu mundo havia corpos, inteligência ou outras naturezas que não eram inteiramente perfeitas, a sua existência devia depender do poder de Deus, de maneira que não pudessem subsistir um só momento sem ele.

Pretendi, depois disso, buscar outras verdades e, tendo-me proposto o objeto dos geômetras, que eu concebia como um corpo contínuo ou um espaço indefinidamente extenso em comprimento, largura e altura ou profundidade, divisível em diversas partes que podiam ter diversas formas e volumes e ser movidas e transpostas de todos os modos, porque os geômetras supõem tudo isso no seu objeto, examinei algumas de suas demonstrações mais simples. Reparei, então, que a grande certeza que todos lhe atribuem se baseia unicamente no fato de serem concebidas com evidência, de acordo com a regra que mencionei há pouco. Depois, notei que não havia nelas nada que me certificasse da existência do seu objeto, pois via, por exemplo, que num triângulo os três ângulos devem ser necessariamente iguais a dois retos, mas não via nisso nada que me certificasse da existência de um triângulo no mundo, ao passo que, tornando a examinar a idéia que fazia de um ser perfeito, achei que a sua existência estava nele compreendida do mesmo modo que, na de um triângulo, está que os seus três ângulos são iguais a dois retos, ou na de uma esfera, que todos os seus pontos são eqüidistantes do centro, ou com evidência ainda maior. Portanto, é pelo menos tão certo que Deus, esse ser perfeito, é ou existe, quanto o pode ser qualquer demonstração geométrica.

Mas, o que faz com que sejam tantos os que se convencem da dificuldade em conhecê-lo, em conhecer também o que é a alma, é o fato de não elevarem nunca o pensamento acima das coisas sensíveis, e estarem de tal forma habituados a só considerar as coisas por meio de imagens, o que é um modo de pensar particular para as coisas materiais, que tudo o que não pode ser assim representado lhes parece ininteligível.

O que é bastante manifesto no fato de os próprios filósofos terem por máxima, nas escolas, que no entendimento nada existe que não tenha estado antes nos sentidos, nos quais, todavia, é certo que as idéias de Deus e da alma nunca estiveram. Parece-me que os que querem fazer uso da sua imaginação para compreendê-la procedem exatamente como se, para ouvir os sons ou sentir os cheiros, quisessem servir-se dos olhos, sem falar da diferença que consiste no fato de o sentido da vista não nos certificar menos da verdade dos seus objetos do que os do olfato ou do ouvido nos certificam da verdade dos seus, ao passo que nem a nossa imaginação nem os nossos sentidos poderiam jamais certificar-nos de qualquer coisa sem a intervenção do entendimento.

Em suma, se ainda há homens que, depois das razões por mim apresentadas, não estão convencidos da existência de Deus e da alma, quero que saibam que menos certas são as outras coisas das quais talvez se julguem mais seguros, como seja o fato de possuírem um corpo, ou de existirem os astros, a terra e coisas semelhantes. De fato, embora se tenha a certeza moral de que tais coisas existem e que só por extravagância é possível pô-las em dúvida, não se pode negar, fazendo-se uso da razão, que, quando se trata de uma certeza metafísica, o fato de se poder imaginar, dormindo, que se tem outro corpo e que se vêm outros astros e outra terra, sem que isso seja verdadeiro, é motivo bastante para não se acreditar inteiramente nelas.

Com efeito, como é que se sabe que os pensamentos que nos ocorrem em sonho são mais errôneos do que os outros, quando, muitas vezes, não são eles menos vivos e expressivos?

Que as melhores inteligências estudem quanto quiserem, não creio que possam apresentar uma razão suficiente para dissipar essa dúvida, sem pressuporem a existência de Deus. E isso porque, em primeiro lugar, o que há pouco tomei como regra, isto é, que as coisas por nós concebidas muito clara e distintamente são todas verdadeiras, só é certo porque Deus é e existe, porque é um ser perfeito e porque tudo o que existe em nós nos vem dele, de forma que as nossas idéias ou noções, sendo coisas reais e provenientes de Deus em tudo o que possuem de claro e de nítido, não podem deixar de ser verídicas. Assim, se muitas vezes temos algumas que encerram falsidade, isso só pode suceder com as que têm algo de confuso e obscuro, porque nisso participam do nada, ou melhor, só se nos apresentam confusas porque não somos de todo perfeitos.

É evidente que não menos repugnante do que achar que é verdade ou a perfeição possam vir do nada é admitir que a falsidade ou a imperfeição procedam de Deus, como tal. Se porém, não soubessemos que tudo o que em nós existe de real e de verdadeiro provém de um ser perfeito e infinito, por mais claras que sejam as nossas idéias, nenhuma razão teríamos para acreditar que tenham a perfeição de ser verdadeiras.

Ora, depois do conhecimento de Deus e da alma nos ter certificado da justeza dessa regra, torna-se muito fácil saber que as fantasias que imaginamos quando dormimos não devem, de modo algum, induzir-nos a duvidar da verdade dos pensamentos que nos ocorrem quando estamos acordados. Se nos ocorresse no sono uma idéia muito nítida como, por exemplo, a de que um geômetra teria descoberto uma nova demonstração, isso não impediria que esta fosse verdadeira. Quanto ao erro mais comum dos nossos sonhos, que consiste em representarem diversos objetos da mesma maneira por que o fazem nossos sentidos exteriores, não importa que isso nos dê ocasião de desconfiar da verdade de tais idéias, porque estas, muitas vezes, nos podem enganar também quando não estamos dormindo, do mesmo modo por que os doentes de icterícia vêm tudo amarelo ou por que os astros ou outros corpos muito distantes nos parecem menores do que são. É que, finalmente, quer acordados, quer dormindo, nunca nos devemos deixar persuadir senão pela evidência da nossa razão. Note-se que digo da nossa razão, e não da nossa imaginação ou dos nossos sentidos: é porque, embora vejamos o sol muito claramente, não devemos julgar, por isso, que seja do tamanho em que o vemos, e, embora possamos imaginar distintamente uma cabeça de leão num corpo de cabra, nem por isso devemos concluir que haja no mundo uma quimera. Com efeito, a razão não nos dita, em absoluto, que o que assim vemos ou imaginamos seja verdadeiro, mas ao contrário, que todas as nossas idéias ou noções devem ter um fundo, de verdade, pois de outra forma não seria possível que Deus, sendo absolutamente perfeito e verdadeiro, as tivesse posto em nós. E, como os nossos raciocínios nunca são tão evidentes nem tão completos durante o sono como durante a vigília, embora a nossa imaginação se apresente algumas vezes mais viva e melhor expressa naquele período, a razão nos dita, igualmente, que, não podendo os nossos pensamentos ser totalmente verdadeiros, por não sermos totalmente perfeitos, o que eles têm de verídico deve encontrar-se antes, infalivelmente, nos que nos ocorrem quando acordados do que nos que temos em nossos sonhos.

QUINTA PARTE

Grande seria a minha satisfação em continuar e vos fazer ver, aqui, todo o encadeamento das outras verdades por mim deduzidas dessas primeiras. Mas, como para isso seria necessário abordar numerosas questões controvertidas entre os doutos, com os quais não desejo indispor-me, acho melhor desistir e fazer uma referência geral a essas questões, para que os mais sábios julguem da utilidade do público ser mais detalhadamente informado a respeito. Persisti sempre na resolução de não supor nenhum outro princípio que não fosse o de que me servi para demonstrar a existência de Deus e da alma, bem como na de não aceitar como verdadeiro nada que não me parecesse tão claro e tão certo como me pareciam antes as demonstrações dos geômetras. Ouso dizer, contudo, que não só encontrei o meio de me satisfazer, em pouco tempo, no que se refere às principais dificuldades geralmente abordadas pela filosofia, como observei certas leis por Deus estabelecidas de tal forma na natureza e cujas noções por ele impressas em nossas almas são tais que, depois de muita reflexão, não podemos duvidar de sua exata observação em tudo o que existe e se faz no mundo. Considerando, em seguida, a seqüência dessas leis, creio ter descoberto numerosas verdades mais úteis e mais importantes do que tudo quanto antes aprendera ou esperara aprender. Tendo, porém, procurado explicar as principais num tratado que algumas considerações me impedem de publicar,[8] acho que a melhor maneira de torná-las conhecidas será dizer aqui, sumariamente, o que esse tratado contém. Antes de escrevê-lo, tivera eu a idéia de nele incluir tudo o que julgava saber sobre a natureza das coisas materiais. Mas, do mesmo modo por que os pintores, por não poderem representar igualmente bem, num quadro plano, todas as diversas faces de um corpo sólido, escolhem uma das principais como a única que deve ficar voltada para a luz, sombreando as demais e deixando-as aparecer somente na medida em que possam ser vistas diretamente – assim também, receando não poder inserir no meu discurso tudo o que tinha no pensamento, limitei-me a expor amplamente apenas a minha concepção de luz, acrescentando alguma coisa sobre o sol e as estrelas fixas, de onde ela provém quase toda, sobre o céu que a transmite, sobre os planetas, os cometas e a terra, que a refletem, e, em particular, sobre todos os corpos que se acham na terra, coloridos, transparentes ou luminosos, assim como sobre o homem, como espectador de tudo isso. Assim, para sombrear um pouco todas essas coisas e poder dizer mais livremente o que pensava a respeito, sem ser obrigado a seguir ou a refutar as opiniões aceitas pelos doutos, decidi-me a deixar todo este mundo entregue às suas disputas, para falar somente do que aconteceria num outro, se Deus criasse, em algum ponto dos espaços imaginários, matéria suficiente para o compor, e agitasse, diversa e desordenadamente, as várias partes dessa matéria, de modo a formar um caos tão confuso quanto o possam imaginar os poetas, e, depois, não fizesse senão prestar seu auxílio habitual à natureza, deixando-a agir segundo as leis que estabeleceu. Desse modo, comecei por descrever essa matéria, procurando representá-la de tal forma que me pareceu nada haver no mundo de mais claro nem de mais inteligível, salvo o que ficou dito, há pouco, sobre Deus e a alma, pois cheguei a supô-la, expressamente, sem qualquer das formas ou qualidades discutidas nas escolas e, em geral, sem qualquer outra coisa cujo

8. Refere-se Descartes ao *Tratado do Mundo ou da Luz*, no qual admitia o movimento da Terra.

conhecimento não fosse tão natural para as nossas almas que ninguém pudesse sequer fingir ignorá-las. Além disso, fiz ver quais eram as leis da natureza e, sem apoiar as minhas razões em nenhum outro princípio que não fossem as infinitas perfeições de Deus, procurei demonstrar todas aquelas que pudessem suscitar alguma dúvida, fazendo ver que são tais que, mesmo que Deus tivesse criado vários mundos, não poderia existir nenhum em que deixassem de ser observadas. Depois disso, mostrei como a maior parte da matéria desse caos devia, por efeito dessas leis, dispor-se e arranjar-se de forma a torná-la semelhante ao nosso céu, assim como algumas de suas partes deviam compor uma terra, algumas outras, planetas e cometas, e outras, finalmente, um sol e estrelas fixas.

Em seguida, estendendo-me sobre o tema da luz, expliquei logicamente qual era a que devia encontrar-se no sol e nas estrelas, e como, daí, atravessava, num instante, os imensos espaços celeste e se refletia dos planetas e dos cometas sobre a terra. Acrescentei a isso várias questões, referentes à situação, aos movimentos e todas as diversas qualidades desse céu e desses astros. E, assim, julgava ter dito a respeito o suficiente para fazer saber que não existe nada, no céu e nos astros deste mundo, que não deva ou, pelo menos, não possa parecer absolutamente semelhante aos do mundo que descrevia.

Daí, passei a falar particularmente da terra: como embora tivesse suposto expressamente que Deus não tinha dado à matéria de que é composta nenhum peso, todas as suas partes não deixavam de tender exatamente para o centro; como, havendo água e ar em sua superfície, disposição do céu e dos astros, sobretudo da lua, devia causar-lhes um fluxo e refluxo em tudo semelhante ao que se nota nos nossos mares e, além disso, um certo curso, tanto da água como do ar, do levante para poente, tal como também se observa entre os trópicos; como as montanhas os mares, as fontes e os rios podiam formar-se neles naturalmente; os metais surgirem das minas, as plantas crescerem nos campos e, em geral, todos os corpos chamados mistos ou compostos aí se produzirem. E, visto como, entre as outras coisas, não conheço, além dos astros, nada no mundo, a não ser o fogo, que seja capaz de produzir a luz, esforcei-me por fazer entender, com bastante clareza, tudo o que pertence à sua natureza; como se produz; como se alimenta; como, às vezes, só tem calor sem luz, e, outras vezes, somente luz sem calor; como pode introduzir diversas cores em diferentes corpos, assim como várias outras qualidades, fundindo uns e endurecendo outros; como pode consumi-los quase todos, convertendo-se em cinza e fumaça; e como, finalmente, com essas cinzas, só pela violência de sua ação, forma o vidro. E, parecendo-se essa transmutação das cinzas em vidro, mais admirável do que qualquer outra que se verificava na natureza, dediquei-me, particularmente, à sua descrição.

Não queria, contudo, inferir de todas essas coisas que o nosso mundo tivesse sido criado da maneira que eu propunha, porque é muito mais verossímil que, desde o começo, Deus o tivesse feito tal como devia ser. É certo, porém, segundo a opinião geralmente aceita entre os teólogos, que a ação pela qual ele agora o conserva é inteiramente a mesma pela qual o criou. Supondo mesmo que não lhe tivesse dado, a princípio, outra forma senão a dos caos, e a menos que, tendo estabelecido as leis na natureza, lhe prestasse o seu concurso para agir segundo o seu costume, pode acreditar-se, sem prejuízo do milagre da criação, que, por isso só, todas as coisas puramente materiais teriam podido tornar-se com o tempo tais como as vemos agora, sendo sua natureza muito mais fácil de ser compreendida quando se vêm nascer pouco a pouco do que quando consideradas como inteiramente acabadas.

Da descrição dos corpos inanimados e das plantas, passei à dos animais e, em particular, à dos homens. Como, porém, não tivesse ainda bastante conhecimento para abordar esses assuntos no mesmo estilo dos demais, isto é, demonstrando os efeitos por meio das causas e fazendo ver de que germes e de que modo a natureza deve produzi-los, limitei-me a supor que Deus formasse o corpo de um homem inteiramente semelhante a um dos nossos, quer na conformação exterior dos membros, quer na disposição interior dos órgãos, sem o compor de matéria diferente da que já descrevi e sem dotá-lo, a princípio, de nenhuma alma racional nem de qualquer outra coisa que lhe servisse de alma vegetante ou sensitiva, mas acentuando, no seu coração, um daqueles fogos sem luz que já expliquei precedentemente e que absolutamente eu não concebia como tendo natureza diversa da daquele que esquenta o feno quando recolhido sem estar seco ou que faz com que entre em efervescência o vinho novo quando posto a fermentar com as uvas ainda presas aos cachos. Com efeito, examinando as funções que, em virtude disso, podiam existir nesse corpo, encontrava eu justamente todas as que podem existir em nós sem que o saibamos e, portanto, sem que para isso, contribua a nossa alma, isto é, esta parte distinta do corpo cuja função, como disse acima, consiste exclusivamente em pensar. E essas funções são todas as mesmas, na medida em que se pode dizer que os animais irracionais se assemelham a nós, sem que por isso possamos descobrir neles nenhuma das que, dependendo do pensamento, somente a nós nos pertencem como homens, ao passo que todas as outras encontrei, depois, supondo que Deus criara uma alma racional e a acrescentara ao corpo de certo modo que eu descrevia.

Mas, para que todos possam ver de que modo eu abordava essa matéria, quero dar aqui a explicação do movimento do coração e das artérias, o qual, sendo o primeiro e mais geral que se observa nos animais, facilmente permitirá julgar o que se deve pensar de todos os outros. Para que seja menor a dificuldade em compreender o que direi a respeito, desejaria que os não versados em anatomia se dessem ao trabalho, antes de lerem estas linhas, de mandar cortar em sua presença o coração – em tudo semelhante ao do homem – de um grande animal provido de pulmões, e pedissem lhes fossem mostradas as duas câmaras ou concavidades nele existentes: – primeiro, a que fica do lado direito e à qual correspondem dois canais muito largos, isto é, a veia cava, que é o principal receptáculo do sangue e como que o tronco da árvore cujos galhos são todas as outras veias do corpo, e a veia arteriosa, assim chamada impropriamente, pois de fato é uma artéria que, partindo do coração, se divide depois em numerosas ramificações que se espalham totalmente pelos pulmões; depois, a que fica do lado esquerdo e à qual também correspondem dois canais mais largos do que os precedentes, isto é, artéria venosa, também assim impropriamente chamada, pois é, apenas, uma veia que, ao partir dos pulmões, se divide em numerosos ramos que se entrelaçam com os da veia arteriosa e os dos conduto denominado traquéia-artéria que, saindo do coração, se ramifica por todo o corpo. Desejaria igualmente, que lhes fossem mostradas com cuidado as onze membranas que, como outras tantas pequenas portas, abrem e fecham os quatro orifícios existentes naquelas duas concavidades, a saber: três na entrada da veia cava, dispostas de forma que de nenhum modo possam impedir que o sangue contido nessa veia se lance na concavidade direita do coração e, ao mesmo tempo, evitam que possa sair dela; três na entrada da veia arteriosa, dispostas de modo inteiramente inverso, e permitindo, ao contrário, que o sangue existente naquela concavidade passe para os pulmões, mas impedindo, ao mesmo tempo, que o que está nos pulmões volte para ela; duas outras na entrada da artéria venosa, deixando que o sangue se lance na concavidade esquerda do coração e impedindo que volte; e três na entrada da grande artéria, permitindo que o sangue saia do coração, mas não deixando que torne. E a razão do número dessas membranas só pode ser encontrada no fato de que o orifício da artéria venosa, sendo oval, em virtude do lugar em que se encontra, pode ser comodamente fechado com duas, ao passo que os outros, sendo redondos, o podem melhor com três. Desejaria, além disso, que se lhes fizesse considerar: o fato de a grande artéria e de a veia arteriosa serem de composição muito mais dura e resistente do que a da artéria venosa e a da veia cava, alargando-se estas duas antes de entrar no coração e formando como que duas bolsas chamadas aurículas do coração, constituídas de uma carne semelhante à deste; o fato de haver sempre mais calor no coração do que em qualquer outra parte do corpo; e, finalmente, o fato de esse calor ser capaz de fazer com que uma gota de sangue inche e se dilate ao entrar nessas concavidades, como acontece, em geral, com todos os líquidos quando os deixamos cair gota a gota numa vasilha muito quente.

Depois disso, pouco preciso dizer para explicar o movimento do coração. E é que, quando suas concavidades não estão cheias de sangue, este corre necessariamente da veia cava para a direita e da artéria venosa para a esquerda. Deve-se isso ao fato de esses dois vasos estarem sempre cheios de sangue, e de seus orifícios, estando voltados para o coração, não poderem ser obstruídos. Mal, porém, penetram duas gotas de sangue, uma em cada concavidade, essas gotas, não podendo deixar de ser muito grossas, por serem muito largos os orifícios por onde penetram e estarem muito cheios de sangue os vasos de onde partem, se rarefazem e dilatam por efeito do calor encontrado. Dessa forma, fazendo inchar todo o coração, forçam e fecham as cinco portas que se acham à entrada dos dois vasos de onde partem, impedindo, assim, que desça maior quantidade de sangue para o coração. Continuando, depois, a rarefazer-se cada vez mais, empurram e abrem as outras seis portinhas que ficam à entrada dos dois outros vasos de onde saem, fazendo inchar todas as ramificações da veia arteriosa e da grande artéria, quase no mesmo instante que o coração. Este imediatamente depois, desincha, do mesmo modo que as artérias, por ter esfriado o sangue que nele penetrou. Enquanto isso, suas seis portinhas tornam a fechar-se e as cinco da veia cava e da artéria venosa a abrir-se, dando passagem a outras duas gotas de sangue. Estas fazem o coração e as artérias incharem de novo, como precedentemente. E, como o sangue que entra assim no coração passa por essas duas bolsas chamadas aurículas, resulta que o movimento destas é contrário ao daquele, contraindo-se quando o coração se dilata. Em suma, a fim de que os que desconhecem a força das demonstrações matemáticas, não estando habituados a distinguir as razões verdadeiras das verossímeis, não ousem negar esses fatos sem examiná-los, quero advertir-lhes que esse movimento que expliquei é, apenas, a conseqüência necessária da disposição dos órgãos do coração, que podem ser vistos a olho nu, do calor nele existente, que pode sentir-se com os dedos, e da natureza do sangue que pode ser conhecida pela experiência, do mesmo modo por que o movimento de um relógio resulta da força, da situação e da forma dos seus contrapesos e rodas.

Se, porém, me perguntarem o motivo por que não se esgota o sangue das veias ao correr sem cessar no coração, e por que as artérias não se enchem demasiadamente ao receberem todo o sangue que passa por aquele órgão, bastar-me-á responder o que já foi escrito por um médico da Inglaterra.[9] Cabe a esse médico a glória de ter dado o primeiro passo nesse terreno. Foi ele o primeiro a ensinar que existe, nas extremidades das artérias, uma porção de pequenas passagens pelas quais o sangue por elas recebido do coração penetra nas pequenas ramificações das veias, para de novo voltar ao coração, num curso que é uma verdadeira circulação perpétua. Isto, aliás, já está fartamente demonstrado por uma experiência comum entre os cirurgiões. Ao apertarem um pouco o braço, acima do ponto em que abrem a veia, fazem eles com que o sangue saia com mais abundância do que se não o tivessem apertado. O resultado seria inteiramente outro, se o apertassem mais embaixo, entre a mão e a incisão, ou se o apertassem em cima com muita força. É que, estando pouco apertada, podendo impedir que as veias levem ao coração o sangue que já está no braço, nem por isso a ligadura impede que as artérias tragam sangue novo, o que se deve ao fato de estarem situadas abaixo das veias e de que as suas paredes, sendo mais duras, são menos susceptíveis de contrair-se e, também, porque o sangue que vem do coração tende com mais força a passar daí para as veias do que a voltar destas para o coração. E, como esse sangue sai do braço pela incisão feita numa das veias, deve haver necessariamente uma passagem acima da ligadura, onde o sangue possa vir das artérias. Isso prova, ao mesmo tempo, o que o referido médico diz acerca da passagem do sangue através de certas membranas. Estas estão de tal forma dispostas em vários pontos das veias que não permitem que o sangue passe do meio do corpo para as extremidades, mas somente que volte das extremidades para o coração. Além disso, a experiência demonstra que todo o sangue existente no corpo pode sair, em muito pouco tempo, por uma única artéria cortada, mesmo que seja estreitamente ligada bem

9. William Harvey, contemporâneo de Descartes.

perto do coração e cortada entre este e a ligadura, de maneira a não haver nenhuma razão para imaginar que o sangue vertido por ela possa provir de outra parte.

Mas ainda há muitos outros fatos que atestam como a verdadeira causa desse movimento do sangue é a que eu disse. Assim, a diferença que se nota entre o sangue que sai das veias e o que sai das artérias só pode dever-se ao fato de que, sendo rarefeito e como que destilado ao passar pelo coração, é ele mais sutil, mais vivo e mais quente logo depois de sair, isto é, quando se acha nas artérias, do que pouco antes de entrar, isto é, quando se acha nas veias. Se se prestar atenção, ver-se-á que essa diferença só é bem nítida perto do coração, não sendo tão patente nos lugares mais afastados dele.

Ademais, a dureza das membranas de que se compõem a veia arteriosa e a grande artéria prova suficientemente que o sangue bate contra elas com mais força do que contra as veias. E por que a concavidade esquerda do coração e a grande artéria haviam de ser mais amplas e mais largas do que a concavidade direita e a artéria venosa, se não pelo fato de o sangue da artéria venosa, só tendo estado nos pulmões depois de passar pelo coração, ser mais sutil e se rarefazer mais forte e facilmente do que o que vem imediatamente da veia cava? E que poderiam os médicos supor ao tomar o pulso, se não soubessem que, à proporção que o sangue muda de natureza, pode ser rarefeito pelo calor do coração com maior ou menor força e rapidez do que antes? E, se se examinar o que permite que esse calor se comunique aos outros membros, não se deve confessar que é o sangue, que, passando pelo coração aí torna a aquecer-se, para espalhar-se, então, por todo o corpo? Disso resulta que, ao se tirar o sangue de qualquer parte, com ele se terá subtraído, igualmente, uma porção de calor. Admitindo mesmo que o coração fosse tão ardente como ferro em brasa, ainda assim seria insuficiente para aquecer os pés e as mãos na medida normal, se não lhes transmitisse continuadamente novo sangue. Por aí também se vê que a verdadeira função da respiração consiste em levar aos pulmões bastante ar fresco, a fim de que o sangue que recebem da concavidade direita do coração, na qual foi rarefeito e como que transformado em vapores, se torne mais espesso, convertendo-se de novo em sangue antes de refluir para a concavidade esquerda. Sem isso, não poderia servir de alimento ao fogo existente nesta. Isto é confirmado pelo fato de os animais desprovidos de pulmões só possuírem uma concavidade no coração, assim como pelo fato de as crianças, não podendo utilizar os pulmões enquanto se acham no ventre materno, terem um orifício pelo qual passa o sangue da veia cava para a concavidade esquerda do coração e um canal pelo qual o sangue da veia arteriosa aflui para a grande artéria, sem passar pelos pulmões. Aliás, como seria possível a cocção no estômago, se o coração não lhe enviasse calor pelas artérias e, com ele, um pouco da parte mais fluida do sangue, que auxiliar a dissolver a carne nele introduzida? E, quanto à ação que transforma o suco da carne em sangue, não se poderá mais facilmente saber qual seja, depois de se considerar que o sangue se destila, passando e tornando a passar pelo coração, talvez mais de cem ou duzentas vezes por dia? E, para explicar a nutrição e a produção dos diversos sucos que se encontram no corpo, que mais é preciso do que dizer-se que a força com que o sangue, ao rarefazer-se, passa do coração para as extremidades das artérias faz com que algumas de suas partes se detenham entre as dos membros em que se acham e tomem o lugar das outras que foram expelidas e que, conforme a situação, a forma ou a pequenez dos poros que encontram, se dirigem de preferência para certos lugares, da mesma maneira que diversos crivos diferentemente furados servem para separar vários grãos uns dos outros? Em suma, o que há de mais notável em tudo isso é a geração dos espíritos animais, como se fora um vento sutil ou mesmo, como uma chama muito pura e viva que sobe abundantemente e sem cessar do coração para o cérebro. Daí se transmite, pelos nervos, para os músculos, dando movimento a todos os membros. A causa – não há necessidade de imaginar outra – que faz com que a parte do sangue mais apropriada para compor esses espíritos (por ser a mais agitada e a mais penetrante) se dirija preferentemente para o cérebro reside no fato de que as artérias que a conduzem são as que mais em linha reta vêm do coração. Além disso, segundo as regras da mecânica, que são as mesmas da natureza, quando várias coisas tendem a se mover juntas para um mesmo lado onde não há lugar bastante para todas – como é o caso das partes do sangue que saem da concavidade esquerda do coração e tendem para o cérebro – as mais fracas e menos agitadas são desviadas pelas mais fortes que, desse modo, são as únicas que chegam ao cérebro.

Eu explicara detalhadamente todas essas coisas no tratado que me propusera publicar. Mostrara em seguida: qual deve ser a estrutura dos nervos e dos músculos do corpo humano para fazer com que os espíritos animais nele contidos tenham força para mover seus membros, da mesma forma por que vemos cabeças, pouco depois de cortadas, ainda se moverem e morderem a terra, embora não estejam mais animadas; que mudanças se devem operar no cérebro para produzir a vigília, o sono e os sonhos; como podem a luz, os sons, os odores, os gostos, o calor e todas as outras qualidades dos objetos exteriores imprimir nele diversas idéias por meio dos sentidos; como a fome, a sede e as outras paixões internas podem igualmente enviar-lhe suas impressões; e o que é que nele deve ser tomado como sendo o senso comum pelo qual essas idéias são aceitas, a memória que as conserva e a fantasia que pode modificá-las de vários modos compondo novas e, pela distribuição dos espíritos animais pelos músculos, fazer com que os membros desse corpo se movam de tantas maneiras e tão a propósito dos objetos que se apresentam aos sentidos e das paixões internas que nele se encontram, como podem os nossos mover-se sem intervenção da vontade. De modo algum parecerá isso estranho aos que, sabendo quantos *autômatos* diferentes ou máquinas moventes pode produzir a indústria dos homens empregando apenas um número de peças reduzidíssimo em comparação com a quantidade enorme de ossos, músculos, nervos, artérias, veias, e todas as outras partes de que se compõe o corpo de cada animal, considerarem esse corpo uma máquina que, tendo sido feita pelas mãos de Deus, é incomparavelmente mais bem arranjada e tem em si movimentos mais admiráveis do que qualquer das que possam ser inventadas pelos homens. E, nesse ponto, decidira eu demonstrar, particularmente, que, se houvesse máquinas com os órgãos e a forma exterior de um macaco ou de qualquer outro animal irracional, nenhum meio teríamos para reconhecê-las como não sendo em tudo da mesma natureza desses animais. Se, ao contrário, houvesse outras semelhantes a nós tanto quanto moralmente fosse possível, teríamos sempre dois meios certíssimos de reconhecer que nem por isso eram elas verdadeiros homens. O primeiro meio reside no fato de que jamais poderiam empregar palavras ou outros sinais, compondo-os, como nós o fazemos, para transmitir aos outros os nossos pensamentos. De fato é possível conceber uma máquina construída de tal forma que possa proferir palavras e até proferir algumas a respeito das ações corporais que dessem causa a certas alterações dos seus órgãos: perguntar, por exemplo, ao ser tocada em uma parte determinada o que queremos dizer-lhe; gritar, ao ser tocada numa outra, que a machucamos; e assim por diante. Isso, porém, não significa que ela possa ligar as palavras de vários modos para responder sensatamente a tudo o que se disser em sua presença, como mesmo os homens mais boçais o podem. O segundo meio consiste em verificar que, embora tais máquinas pudessem fazer muitas coisas tão bem ou talvez melhor do que alguns de nós, falhariam infalivelmente em algumas outras. Descobriríamos, então, que não agem conscientemente, mas em virtude apenas da disposição dos seus órgãos. Com efeito, ao passo que a razão é um instrumento universal que pode ser utilizado em todas as ocasiões, têm necessidade os órgãos de uma disposição especial para cada ação particular. Daí ser moralmente impossível que uma máquina os possua tão diversos que lhe dêem a possibilidade de agir, em todas as ocorrências da vida, da mesma maneira por que nos faz agir a nossa razão.

Ora, esses dois meios permitem que se conheça, também, a diferença entre o homem e os animais. É, na verdade, bastante notável a inexistência de homens tão broncos e tão estúpidos, sem excetuar nem mesmo os mentecaptos, que não sejam capazes de combinar várias palavras ao mesmo tempo e de compor com elas um discurso pelo qual façam compreender seus pensamentos. Bastante notável, igualmente, é o fato de não haver nenhum outro animal capaz de fazer coisa semelhante. Ora, isso não acontece por falta de órgãos, pois vemos que as pêgas[10] e os papagaios podem proferir palavras como nós, mas não podem falar como nós, isto é, demonstrando que pensam o que dizem. No entanto, homens que tendo nascido surdos-mudos, são providos dos órgãos de que os outros se servem para falar, tanto ou mais do que os animais, costumam inventar por si mesmo alguns sinais pelos quais se fazem entender pelos que, estando habitualmente em sua companhia, têm a oportunidade de lhes aprender a língua. Eis aí a prova não só de que os animais possuem menor dose de razão do que os homens, mas de que não possuem absolutamente nenhuma, uma vez que basta muito pouco para saber falar. Além disso, havendo, como entre os homens, desigualdade entre os animais de uma mesma espécie, de forma que uns são mais fáceis de ser ensinados que os outros, não é crível que um macaco ou um papagaio, dentre os mais perfeitos de sua espécie, não igualasse nisso uma criança das mais estúpidas ou, pelo menos, uma criança cujo cérebro se achasse perturbado, se a alma dos animais não fosse de natureza inteiramente diversa da nossa. É preciso não confundir as palavras com os movimentos naturais que revelam as paixões e podem ser imitados tanto pelas máquinas como pelos animais sem pensar, como alguns dos antigos, que os animais falam, embora não lhes compreendamos a linguagem. Se isso fosse verdade, tendo eles vários órgãos bastante semelhantes aos nossos poderiam muito bem fazer-se entender tanto por nós como por seus semelhantes. Coisa bastante notável é, também, o fato de que, embora existam vários animais que demonstram maior habilidade do que nós em algumas de suas ações, é patente que não demonstram nenhuma em numerosas outras. Assim, o que fazem melhor do que nós não prova, em absoluto, que sejam providos de espírito, pois que, se assim fosse, o teriam muito mais do que nós e nos ultrapassariam em muitas outras coisas. Isso prova, ao

10. Pássaros corvídeos que têm a capacidade de imitar a voz humana.

contrário, que eles não possuem espírito algum e que a natureza é que age neles de acordo com a disposição dos seus órgãos, da mesma forma por que um relógio, sendo composto exclusivamente de rodas e de molas, pode contar as horas e medir o tempo mais exatamente do que nós com toda a nossa sabedoria.

Depois disso, descrevera eu a alma racional, mostrando que esta não pode, de modo algum, provir do poder da matéria, assim como os demais fatos de que falar. Deve ter sido expressamente criada. E descrevera como não basta que ela esteja alojada no corpo humano, como um piloto no navio (o que só explicaria que ela lhe movesse os membros), mas é necessário que esteja mais estreitamente ligada e unida a ele, para ter sentimentos e apetites semelhantes aos nossos e assim compor um verdadeiro homem.

Estendi-me um pouco sobre o problema da alma por ser um dos mais importantes. Com efeito, depois do erro dos que negam Deus, erro que julgo ter refutado suficientemente mais acima, não há outro que afaste tanto os espíritos fracos do caminho da virtude como o que consiste em imaginar a alma dos animais como sendo da mesma natureza que a nossa e em concluir daí que não temos nada que temer nem que esperar depois desta vida, exatamente como as moscas e as formigas. Quando, ao contrário, se sabe quanto elas diferem, compreendem-se muito melhor as razões que provam que a nossa é de natureza inteiramente independente do corpo e não está, portanto, sujeita a morrer com ele. Não vendo, pois, outras causas que a destruam, somos levados, naturalmente, a concluir que ela é imortal.

SEXTA PARTE

Faz três anos que terminei o tratado sobre todas essas coisas, e já começara a revê-lo a fim de mandá-lo à impressão, quando soube que pessoas merecedoras da minha consideração, e cuja autoridade não influi menos sobre os meus atos do que o meu próprio raciocínio sobre os meus pensamentos, tinham desaprovado uma opinião de física publicada um pouco antes por outrem,[11] e com a qual não quero dizer que concordasse, mas apenas que não lhe notara nada, antes dessa censura, que eu pudesse julgar prejudicial à religião ou ao Estado, ou que, por conseguinte, me impedisse de escrevê-la se a razão me tivesse persuadido dela. Isso me fez recear que, entre as minhas opiniões, também houvesse alguma em que eu estivesse enganado, a despeito do grande cuidado que sempre tive em não aceitar opiniões novas cujas demonstrações não fossem certíssimas e em não escrever as que pudessem prejudicar alguém. Foi o suficiente para que me visse forçado a mudar a resolução de as publicar. É que, embora fossem muito fortes as razões que me haviam levado a tomá-la anteriormente, a minha inclinação, que sempre me fez detestar o mister de escrever livros proporcionou-me logo outras suficientes para que desistisse do meu propósito. E essas razões, de uma parte

---

11. No *Tratado do Mundo ou da Luz*, admitira Descartes, como vimos, a teoria de Galileu sobre o movimento da Terra.

como da outra, são tais que não só tenho certo interesse em dizer aqui quais sejam, como talvez o público tem o direito de sabê-las.

Nunca dei muita importância às coisas vindas do meu espírito. Enquanto o único resultado do método de que me sirvo foi a minha satisfação acerca de certas dificuldades relativas às ciências especulativas ou a tentativa de regular os meus costumes pela razão que esse método me ensinava, nunca me julguei obrigado a escrever coisa alguma. E isso porque, no que concerne aos costumes, as opiniões são tantas que seria possível encontrar tantos reformadores quantas são as cabeças, se a outros, que não os que Deus designou como soberanos dos seus povos, ou aqueles a quem concedeu bastante graça e zelo para se tornarem profetas, fosse permitido inovar algo nesse domínio. Assim, se bem que as minhas especulações me agradassem muito, acreditei que também os outros tinham as suas, as quais talvez lhes agradassem mais. Mas adquiri algumas noções gerais de física e, ao começar a experimentá-las em diversas dificuldades particulares, observei até onde podem conduzir e quanto diferem dos princípios de que até hoje nos temos utilizado. Entendi, então, que não podia conservá-las ocultas sem grave infração à lei que nos obriga a procurar, tanto quanto dependa isso de nós, o bem geral de todos os homens. De fato, essas noções me fizeram enxergar a possibilidade de adquirir conhecimentos utilíssimos para a vida e de achar, em substituição à filosofia especulativa ensinada nas escolas, uma filosofia prática pela qual, conhecendo a força e a ação do fogo, da água, do ar, dos astros, do céu e de todos os demais corpos que nos cercam, tão distintamente quanto conhecemos os diversos misteres dos nossos artesãos, pudéssemos aplicá-los igualmente a todos os usos a que se prestam, tornando-os como senhores e possuidores da natureza. E isso é desejável não só tendo em vista a invenção de uma infinidade de artifícios que nos permitiriam gozar, sem nenhum trabalho, dos frutos da terra e de todas as comodidades que nela se encontram, mas sobretudo a conservação da saúde, que é, sem dúvida, o primeiro bem e o fundamento de todos os outros bens desta vida. Com efeito, o próprio espírito depende tanto das condições e da disposição dos órgãos do corpo que, se for possível achar o meio de tornar os homens em geral mais prudentes e mais hábeis do que o têm sido até aqui, acredito que se deverá buscá-lo na medicina. É verdade que a que hoje se usa muito pouco tem cuja utilidade seja tão notável. Mas, sem nenhuma intenção de a desprezar, estou certo de não haver ninguém, mesmo entre os que dela fazem profissão, que não confesse ser quase nada o que aí se sabe, em comparação com o que ainda resta por saber. Poderíamos livrar-nos de uma infinidade de moléstias, tanto do corpo como do espírito, e talvez mesmo do enfraquecimento que a velhice provoca, se tivéssemos conhecimento suficiente de suas causas e de todos os remédios que nos proporciona a natureza. Ora, era minha intenção empregar toda a minha vida na pesquisa de ciência tão necessária. Havia mesmo encontrado um caminho que me parecia dever conduzir infalivelmente à sua descoberta. Assim, para que não houvesse impedimento imposto pela brevidade da vida ou pela deficiência das experiências, o melhor seria comunicar fielmente ao público o pouco que eu tivesse encontrado, convidando os espíritos bem formados a procurar ir mais além. Dessa forma, segundo a sua própria inclinação e poder, cada qual contribuiria para as experiências que fosse preciso realizar, comunicando por sua vez ao público tudo o que aprendesse. Começando os últimos onde os seus antecessores tivessem acabado e reunidas assim as vidas e os trabalhos de muitos, poderíamos ir juntos muito mais longe do que cada um isoladamente.

Notei, igualmente, no que diz respeito às experiências, que estas são tanto mais necessárias quanto mais adiantado se é em conhecimentos. Com efeito, no princípio, é melhor utilizar somente as que se apresentam por si mesmas aos nossos sentidos. Não podemos ignorá-las desde que sobre elas reflitamos um pouco. Ao contrário, as mais raras e estudadas costumam enganar, quando não se conhecem as causas das mais comuns. Além disso, as circunstâncias de que dependem são, quase sempre, tão particulares e tão pequenas que é bastante difícil notá-las. Mas a ordem que observei em tudo isso foi a seguinte. Antes de mais nada, procurei descobrir, em geral, os princípios ou primeiras causas de tudo o que é ou pode ser no mundo, sem para isso considerar nada mais além de Deus que o criou, e deduzindo-os apenas de certos embriões de verdade que existem naturalmente em nossas almas. Em seguida, examinei quais eram os primeiros e mais comuns efeitos que podiam ser deduzidos dessas causas; e me pareceu que o céu, os astros, a terra, e, na terra, a água, o ar, o fogo, os minerais, os animais e algums outros elementos eram, de todos, os mais comuns, os mais simples e, portanto, as mais fáceis de compreender. Depois, quis descer às mais particulares; e foram tantas e tão diversas as que se me apresentaram, que não achei possível ao espírito humano distinguir as formas ou as espécies de corpos existentes na terra de uma infinidade de outros que nela poderiam existir se assim o quisesse Deus, nem por conseguinte aproveitá-las para o nosso uso, a não ser que investigássemos as causas através dos efeitos, utilizando numerosas experiências particulares.

Assim, passando em revista, mentalmente, todos os objetos que até então se haviam apresentado aos meus sentidos, ouso afirmar que não notei nada que não pudesse comodamente explicar com os princípios que encontrara. Mas, é preciso confessar, também, que o poder da natureza é tão amplo e tão vasto, e esses princípios tão simples e tão gerais, que quase não noto nenhum efeito particular cuja dedução não verifique poder ser feita de muitas e diferentes maneiras. Consistia a minha maior dificuldade, quase sempre, em achar de qual dessas maneiras ele depende. Nesse caso, só conheço outro recurso: o de procurar, novamente, algumas experiências cujo resultado não seja o mesmo, conforme deva ele ser explicado de uma ou de outra dessas maneiras. De resto, cheguei agora ao ponto de ver, parece-me que de modo bastante justo, que direção deve ser seguida para se conseguir realizar a maior parte das experiências úteis para esse fim. Mas, ao mesmo tempo, verifico serem tais e tão numerosas que nem minhas mãos, nem minha renda, mesmo que eu tivesse mil vezes mais do que possuo, seriam suficientes para todas. Dessa forma, conforme tenha, doravante, a comodidade necessária para realizá-las, irei aos poucos progredindo no conhecimento da natureza. Era o que eu me propunha comunicar no tratado que escrevera.

Mostraria tão claramente a utilidade que o público pode tirar delas, que todos os que em geral desejam o bem dos homens, isto é, todos os que são virtuosos, não só na aparência ou por opinião, mas de fato, ficariam obrigados a comunicar-me também as suas experiências e auxiliar-me na pesquisa das que ainda restam por fazer.

A partir dessa época, porém, tive outras razões que me fizeram mudar de opinião. Achei que devia mesmo continuar a escrever todas as cosias que julgasse de importância, à medida que fosse descobrindo a sua veracidade. E deveria pôr nisso tanto cuidado como se quisesse imprimi-las. Teria, assim, mais ocasiões de examiná-las bem, pois sempre se observa mais de perto o que se julga dever ser visto por muitos do que o que se faz para o próprio uso. Muitas vezes, as coisas que me pareceram verdadeiras, quando comecei a concebê-las, afiguraram-se-me falsas quando quis passá-las para o papel. Além disso, eu não perderia nenhuma ocasião de ser útil ao público, se é que sou capaz disso e, supondo que os meus escritos valessem alguma coisa, os que os possuíssem depois da minha morte poderiam utilizá-los como melhor o entendessem. Não devia, porém, de modo algum consentir que fossem publicados durante a minha vida, porque, do contrário, as oposições e controvérsias que talvez suscitassem e até mesmo a reputação que eu pudesse assim granjear poderiam oferecer-me ocasião de perder o tempo que eu tenho a intenção de empregar para instruir-me. É que, embora seja verdade que todo homem, tanto quanto esteja ao seu alcance, é obrigado a procurar o bem dos outros, sendo o mesmo que não valer nada o não ser útil a ninguém, contudo é também verdadeiro que os nossos cuidados devem ir além do tempo presente. É pois, conveniente omitir as coisas que talvez tragam algum proveito aos que vivem, quando se tem a intenção de realizar outras que maior proveito trarão aos nossos descendentes. Com efeito, quero que se saiba que o pouco que aprendi até aqui, quase nada é em comparação com o que ignoro e ainda espero poder aprender. Com os que aos poucos vão descobrindo a verdade nas ciências sucede o mesmo que com os que começam a ficar ricos: a dificuldade em fazer grandes compras torna-se menor do que antes, quando, mais pobres, deviam fazer menores. Podemos compará-los, também, aos que comandam exércitos: as suas forças costumam crescer na proporção das vitórias, precisando eles de maior prudência para se manterem depois da perda de uma batalha do que para tomar cidades e províncias após uma vitória. De fato, é o mesmo que uma batalha o procurar vencer todas as dificuldades e todos os erros que impedem se chegue ao conhecimento da verdade, sendo o mesmo que perdê-la o aceitar alguma opinião falsa sobre uma matéria um pouco geral e importante. Torna-se necessário, depois, muito mais habilidade para voltar ao mesmo estado anterior do que para fazer grandes progressos quando já se tem princípios seguros. Quanto a mim, se até agora achei algumas verdades nas ciências (e espero que as coisas contidas neste volume permitam julgar que descobri algumas), posso dizer que são apenas conseqüências e dependências de cinco ou seis principais dificuldades por mim superadas e que conto como outras tantas batalhas em que tive a vitória ao meu lado. Além disso, não hesito em dizer que penso só precisar vencer duas ou três outras semelhantes para alcançar inteiramente os meus desígnios. Minha idade não é tão avançada que, segundo o curso ordinário da natureza, não possa ter tempo ainda de me dedicar a essa tarefa. Julgo, porém, ser tanto mais obrigado a não desperdiçar o tempo que me resta quanto maior é a minha esperança de poder empregá-lo bem. Muitas ocasiões, sem dúvida, teria eu e perdê-lo se publicasse os fundamentos da minha física. De fato, embora sejam quase todos tão evidentes que basta ouvi-los para aceitá-los, não havendo nenhum que eu não pense poder demonstrar, prevejo que a minha atenção seria constantemente desviada pelas objeções que haveriam de surgir, pois é impossível que tais fundamentos coincidam com todas as diferentes opiniões dos outros homens.

Poder-se-á dizer que essas objeções seriam úteis. Além de me fazerem conhecer meus erros, permitiriam que os outros, se é que algo de bom existe no meu trabalho, pudessem compreendê-lo melhor. E, como muitos podem ver mais do que um sozinho, com o uso que fizessem do que nele há de bom, me ajudariam com as suas descobertas. Mas, se bem que me reconheça extremamente sujeito a errar não me fie quase nunca nos primeiros pensamentos que me ocorrem; a experiência das objeções que me podem ser feitas impede-me de esperar delas o menor proveito. É que já conheço bastante os juízos tanto dos que tive em conta de meus amigos como de outros aos quais eu julgava ser indiferente, sem falar de alguns cuja malignidade e inveja eu sabia que tudo fariam para descobrir o que o afeto escondesse aos meus amigos. Raramente tem acontecido que se me tenha feito alguma objeção que eu não houvesse previsto, salvo quando se afastava muito do meu tema. E, assim, quase nunca encontrei um censor das minhas opiniões que não me parecesse ou menos rigoroso ou menos justo do que eu mesmo. Nunca notei, tampouco, que, por meio das disputas verificadas nas escolas, tenha sido descoberta alguma verdade antes ignorada. Quando cada qual procura vencer, esforça-se muito mais por fazer valer a verossimilhança do que por pensar as razões de uma parte e da outra. Os que foram sempre bons advogados nem por isso se tornarão, depois, melhores juízes.

Quanto à utilidade que os outros tirariam dos meus pensamentos, não poderia ser muito grande, pois não os levei tão longe que não seja preciso acrescentar-lhes muitas coisas antes de aplicá-los à prática. E julgo poder dizer, sem vaidade, que, se há alguém capaz disso, devo ser eu antes de qualquer outro, não que não possa haver no mundo muitas inteligências incomparavelmente superiores à minha, mas porque não podemos conceber e assimilar tão bem uma coisa quando aprendida de outrem como quando a inventamos nós mesmos. E isso é tão verdadeiro nessa matéria que, tendo explicado muitas vezes as minhas opiniões a pessoas bastante cultas que, enquanto eu lhes falava, pareciam compreendê-las com muita nitidez, observei que, quando as reproduziam, quase sempre as modificavam de tal maneira que eu não podia mais conhecê-las como minhas.

Tenho, pois, o prazer de pedir aqui aos meus leitores que não acreditem nunca no que lhes disserem como tendo partido de mim, sem que eu próprio o tenha divulgado. Não me admira que se atribuam várias extravagâncias a todos os filósofos antigos cujos escritos não possuímos. Considerando que eram as melhores inteligências do seu tempo, não creio que os seus pensamentos tenham sido tão disparatados: foram, decerto, mal transmitidos. Vê-se, igualmente, que quase nunca sucedeu ter sido algum deles ultrapassado por seus adeptos. Estou mesmo certo de que os mais apaixonados discípulos atuais de Aristóteles sentir-se-iam felizes se tivessem tanto conhecimento da natureza quanto ele, mesmo sob a condição de nunca poderem excedê-lo. São como a hera, que não tende a ir acima da árvore que a sustenta, chegando mesmo, muitas vezes, a descer, depois de ter atingido a grimpa. Tenho a impressão de que também tornam a descer, isto é, de que se tornam relativamente menos doutos do que se se abstivessem de estudar, os que, não contentes de saber tudo o que foi claramente explicado por seu autor, ainda querem encontrar nele a solução de muitas dificuldades sobre as quais não disse nada e de que talvez mesmo nunca tivesse cogitado. A sua maneira de filosofar é, contudo, muito cômoda para os que só possuem inteligência muito medíocre. Com efeito, a obscuridade das distinções e dos princípios de que se servem permite que possam falar de tudo tão ousadamente como se nada ignorassem, sustentando o que dizem contra os mais sutis e os mais hábeis e sem que haja meio de convencê-los. Assemelham-se, nisso, a um cego que, para medir-se, sem levar desvantagem, com uma pessoa que enxerga, a tivesse feito entrar numa adega muito escura. E posso dizer que esses têm interesse em me ver desistir de publicar os princípios filosóficos de que me sirvo. Sendo tais princípios muito simples e evidentes, eu faria quase o mesmo, ao publicá-los, que abrir uma janela por onde fizesse entrar a luz na adega em que o cego e a pessoa que enxerga penetraram para bater-se. Mas mesmo as melhores inteligências não têm motivos para desejar conhecê-los. Os que quisessem saber falar de tudo e adquirir a fama de doutos poderiam consegui-lo mais facilmente quando se contentassem com a verossimilhança. Esta pode ser encontrada sem grande fadiga em toda sorte de matérias. A verdade, ao contrário, só aos poucos se descobre em algumas e, quando se trata das outras, obriga a confessar francamente que se ignoram. Quanto aos que preferirem o conhecimento de um pouco de verdade à vaidade de parecer que não ignoram nada, o que é sem dúvida preferível, e aos que quiserem seguir um caminho semelhante ao meu, estes não precisam, para isso, que eu lhes diga mais nada além do que já disse neste discurso: se forem capazes de ir mais longe do que fui, com mais forte razão o serão de descobrir por si mesmos tudo quanto eu penso ter descoberto. De fato, nunca examinei nada que não o fosse de modo ordenado, e sendo certo que o que ainda me falta descobrir é mais difícil e está mais oculto do que o que até hoje pude encontrar, teriam eles muito menos prazer em aprendê-lo por mim do que por si mesmos. Além disso, o hábito que adquirirão, investigando primeiro coisas fáceis, para passarem aos poucos, gradativamente, a outras mais difíceis, ser-lhes-á mais útil do que todas as minhas instruções. Quanto a mim, estou convencido de que, se me tivessem ensinado, desde a minha mocidade, todas as verdades cujas demonstrações procurei mais tarde, e se eu não tivesse encontrado nenhuma dificuldade em aprendê-las, talvez nunca chegasse a conhecer outras, ou, pelo menos, nunca adquirisse o hábito e a facilidade que penso possuir para encontrar sempre novas, à medida que me aplico a investigá-las. Em suma, se há no mundo uma obra que não possa ser tão bem acabada por outrem como pelo mesmo que a iniciou, é aquela em que trabalho.

É verdade que, no que diz respeito às experiências que possam ser úteis a esse fim, um homem sozinho não poderia bastar para realizá-las todas. Mas, ao mesmo tempo, não poderia ele empregar nisso melhores mãos do que as suas, exceto as dos artesãos, ou gente que pudesse ser paga, a fim de que a esperança do lucro, que é um meio muito eficaz, a levasse a fazer direito tudo o que lhe fosse prescrito. De fato, os voluntários, isto é, os que, por curiosidade ou desejo de aprender, talvez se oferecessem para auxiliá-lo, além de costumarem prometer mais do que fazem e se limitarem a formular belas propostas que nunca dão resultado, decerto haviam de querer ser recompensados com a explicação de algumas dificuldades, ou, pelo menos, com elogios ou palestras inúteis, que sempre haviam de prejudicá-lo. Quanto às experiências já realizadas por outros, admitindo que lhas quisessem comunicar, o que não fariam nunca os que as chamam de segredos, são quase todas compostas de tantas circunstâncias e ingredientes supérfluos, que lhe seria muito difícil verificar a sua veracidade. Além disso, acharia quase todas tão mal explicadas, ou mesmo tão falsas – porque os que as levaram a efeito se esforçaram por fazê-las parecer de acordo com os seus princípios – que, se houvesse algumas que lhe servissem, não poderiam recompensá-lo do tempo que lhe teria sido preciso empregar para escolhê-las. Assim, pois, se houvesse no mundo alguém que se tivesse a certeza de ser capaz de descobrir as maiores coisas, bem como as mais úteis para o público, e que, por isso, os outros homens tudo fizessem para ajudar na consecução dos seus desígnios, não vejo o que por ele poderiam fazer estes últimos além de contribuir para as despesas das experiências que precisasse realizar e, quanto ao mais, impedir que a sua comodidade fosse prejudicada por qualquer importuno.

Mas, além de não presumir tanto de mim mesmo que pretenda prometer algo de extraordinário, e de não me nutrir do pensamento tão vão de supor que o público deva interessar-se muito por meus projetos, também não tenho a alma tão baixa ao ponto de querer aceitar, da parte de quem quer que seja, qualquer favor que se pudesse julgar que eu não teria merecido.

Todas essas considerações juntas fizeram, há três anos, com que eu não quisesse divulgar o tratado que estava em meu poder. Chegara mesmo a tomar a decisão de não publicar, durante a minha vida, nenhum outro tão geral e cuja leitura permitisse compreender os fundamentos da minha física. Mas, depois disso, houve duas outras razões que me obrigaram a divulgar alguns ensaios particulares, prestando contas ao público dos meus atos e dos meus projetos.

A primeira razão é que, se eu deixasse de o fazer, muita gente, sabedora da minha intenção anterior de mandar imprimir alguns escritos, poderia imaginar as causas de minha desistência como tendo sido mais do que realmente o eram em meu desfavor.

Com efeito, embora eu não ame a glória excessivamente, pois ouso mesmo dizer que chego a odiá-la, na medida em que a julgo contrária ao meu repouso, que prezo acima de todas as coisas – contudo, também nunca procurei esconder os meus atos como se fossem crimes, nem usei de muitas precauções para ficar desconhecido, não só porque me consideraria em erro, como também porque me produziria uma certa inquietação, do mesmo modo contrária à perfeita tranqüilidade de espírito que eu busco. Eis por que, mantendo-me sempre tão indiferente à preocupação de ser conhecido como à que de não o ser, não pude impedir que conquistasse certa reputação e, nestas condições, achei que deveria fazer tudo para evitar, ao menos, que fosse má.

A outra razão que me obrigou a escrever isto é a seguinte. Verifiquei que o meu projeto de instruir-me se ia retardando cada vez mais, em virtude de uma infinidade de experiências que me são necessárias e que não posso fazer sem o auxílio de outrem. E, se bem que não me lisonjeie ao ponto de esperar que o público participe muito dos meus interesses, não quis faltar tanto a mim mesmo que desse aos meus sobreviventes motivo de censurar-me, um dia, pelo fato de lhes ter podido deixar várias coisas muito melhores do que as realizadas se não me houvesse descuidado de lhes fazer compreender em que poderiam contribuir para os meus desígnios.

E pensei que me seria fácil escolher algumas matérias que, sem estar sujeitas a muitas controvérsias e sem obrigar-me a declarar mais do que desejo sobre os meus princípios, não deixasse de fazer ver, com bastante clareza, o que posso e o que não posso fazer nas ciências. Não sei dizer se fui bem sucedido e não quero prevenir o juízo de ninguém ao falar de mim mesmo nos meus escritos. Mas folgarei muito que estes sejam examinados. Para que maiores sejam as ocasiões que o permitam, peço a todos os que tiverem objeções a fazer que as escrevam e as enviem ao meu livreiro. Este me avisará e eu tratarei de acrescentar a minha resposta, a fim de que os leitores tenham, assim, a possibilidade de, mais facilmente, conhecer a verdade. Prometo não dar nunca respostas longas, limitando-me a confessar os meus erros francamente, se os reconhecer, ou então, se não puder descobri-los, a dizer simplesmente o que julgar necessário para defender o que escrevi, sem acrescentar explicação sobre nenhum assunto novo, a fim de não passar, indefinidamente, de um para outro.

Se certas coisas que abordei no começo da *Dióptrica* e dos *Meteoros* podem chocar à primeira vista, parecendo que não quero prová-las quando as chamo de suposições, que se tenha a paciência de ler tudo com atenção. Espero que se ficará satisfeito, pois tenho a impressão de que as razões aí se concatenam de tal maneira que, sendo as últimas demonstradas pelas primeiras, que são as causas, estas o são reciprocamente pelas últimas, que são os efeitos. E não se deve imaginar que eu cometa nisso o erro que os lógicos chamam de círculo. Com efeito, como é experiência que torna certos quase todos esses efeitos, as causas de onde os deduzo servem menos para prová-los do que para explicá-los, sendo elas, ao contrário, que são provadas por eles. Só as chamei de suposições para que se saiba que penso poder deduzi-las das primeiras verdades por mim explicadas acima. Chamei-as assim, muito de propósito. Certas inteligências julgam saber num dia tudo o que outra levou vinte anos a pensar, apenas porque a respeito lhes foram ditas duas ou três palavras. São tanto mais sujeitas a confundir e menos capazes da verdade quanto mais penetrantes e mais vivas se revelam. E assim procedi para que não possam ter ocasião de construir, passando eu por responsável, alguma filosofia extravagante, baseada no que julgarem elas ser os meus princípios. No que diz respeito às opiniões que são de fato minhas, não as apresento como novas, tanto mais quanto, consideradas bem suas razões, estou certo de que serão julgadas tão simples e tão conformes ao senso comum que parecerão menos extraordinárias e menos estranhas do que outras existentes sobre o mesmo assunto. Não me gabo, de modo algum, de ter sido o primeiro descobridor de algumas, muito embora não as tenha recebido por terem sido expendidas por outrem, nem por não o terem sido por ninguém, mas unicamente porque a razão me convenceu de que devia aceitá-las.

Se os artesãos não puderam executar logo o invento explicado na *Dióptrica*, não creio que, por isso, possa ele ser considerado mau. De fato, sendo a habilidade e a prática necessárias para construir e ajustar as máquinas que descrevi com todas as minúcias, não me admiraria que não conseguisse pô-las em funcionamento, do mesmo modo que não me admiraria o fato de alguém não aprender, num dia, a tocar alaúde de forma impecável, embora lhe tenha sido dada uma partitura que fosse boa.

Escrevo em francês, que é a língua do meu país, de preferência ao latim, que é a dos meus preceptores. Espero que os que se servem exclusivamente de sua razão natural poderão assim julgar melhor as minhas opiniões do que os que só acreditam nos livros antigos. Quanto aos que unem o bom senso ao estudo, os únicos que desejo ter como juízes, estou certo de que não serão tão apaixonados pelo latim que recusem ouvir as minhas razões só porque as explico em língua vulgar.

De resto, não quero entrar aqui em pormenores sobre os progressos que tenha esperança de fazer futuramente nas ciências, nem prometer ao público qualquer coisa que eu não possa cumprir. Direi, apenas, que resolvi empregar o tempo que ainda me resta da vida unicamente em procurar adquirir algum conhecimento da natureza, do qual a medicina possa tirar regras mais certas do que as existentes na atualidade. Por vocação, estou de tal forma afastado de quaisquer outros desígnios. Sobretudo dos que só poderiam ser úteis a alguns com prejuízo para outros, que, se alguma vez me visse constrangido a dedicar-me a tais desígnios, acho que não seria capaz de triunfar.

Assim sendo, declaro que estou certo de que isso não servirá para tornar-me considerável no mundo, mas também não tenho nenhuma vontade de o ser. E serei sempre mais grato aos que me permitirem gozar sem impedimento da minha tranqüilidade do que aos que me oferecessem os empregos mais honrosos da terra.

Referências Bibliográficas

ALQUIÉ, Ferdinand: *Science et Métaphysique chez Descartes*, Centre de Documentation Universitaire, Sorbonne, Paris, s/d.

ALQUIÉ, GOUHIER, GUÉROULT, J. HYPPOLITE, J. WAHL e outros: *Descartes*, Cahiers de Royaumont, Les Éditions de Minuit, Paris, 1957.

BRUNSCHVICG, Léon: *Descartes*, Rieder, Paris, 1937.

———: *Les Étapes de la Philosophie Mathématique*, Presses Universitaires de France, Paris, 1912.

CHEVALIER, Jacques: *Descartes*, Plon, Paris, 1921.

GOUHIER, Henri: *Essais sur Descartes*, J. Vrin, Paris, 1949.

GUÉROULT, Martial: *Descartes selon l'Ordre des Raisons* (2 vol.), Aubier, Paris, 1953.

HAMELIN, Octave: *Le Système de Descartes*, Paris, Alcan, 1911; trad. esp. Editorial Losada, Buenos Aires, 1949.

LAPORTE, Jean: *Le Rationalisme de Descartes*, Presses Universitaires de France, Paris, 1950.

MESNARD, Pierre: *Descartes*, Éditions Seghers, Paris, 1966.

MILHAUD, Gaston: *Descartes Savant*, Alcan, Paris, 1921.

RENOUVIER, Charles: *Descartes*, trad. esp. Espasa, Calpe, Argentina, 1950.

CLÁSSICOS EDIPRO

GRÁFICA PAYM
Tel. (011) 4392-3344
paym@terra.com.br